Mary Roos

Aufrecht geh'n

Mein liederliches Leben

Aufgezeichnet von Pe Werner

ROWOHLT

2. Auflage November 2022
Originalausgabe
Veröffentlicht im Rowohlt Verlag, Hamburg, November 2022
Copyright © 2022 by Rowohlt Verlag GmbH, Hamburg
Satz Abril Text bei Dörlemann Satz, Lemförde
Druck und Bindung GGP Media GmbH, Pößneck
ISBN 978-3-498-00275-6

Für Julian

Inhalt

Stein auf Stein

Ich hab's nicht so mit der Zeit und dem, was wann wo genau war. Ich bin eine Momentaufnahme. Immer im Hier und Jetzt. Gestern war gestern. Angenommen, ein Kriminalbeamter fragte mich: Wo waren Sie letzten Dienstag um 20 Uhr 30?, könnte er mich gleich verhaften. Keine Ahnung – wahrscheinlich vorm Fernseher. Seit ich nämlich nicht mehr dauernd in der Weltgeschichte herumtoure, bin ich häufiger vor der Flimmerkiste in der Waagerechten zu finden, getreu dem Motto: Der beste vierbeinige Freund des Menschen ist das Sofa.

Trotzdem sehe ich natürlich ein, dass es Sinn macht, sich zu erinnern, wenn man aus dem Nähkästchen plaudern möchte, und das will ich gerne. Also sollten wir vorne anfangen, wie sich das gehört, auch wenn ich mir dafür den Kopf zerbrechen muss.

Vorne, das heißt in meinem Fall 1949. Das war im letzten Jahrhundert, genau genommen im letzten Jahrtausend. Ja, ich bin schon so alt! Aber mit Zahlen hab ich's auch nicht so. Wenn in den Hochglanzgazetten, in denen ich zuhauf die Ehre hatte, abgelichtet zu werden, steht: Mary Roos, Klammer auf 73 Klammer zu, juckt mich das wenig. Da bin ich absolut unfrankophil. Die Französin an sich verbittet sich nämlich Fragen nach dem Geburtsdatum. Mir ist das schnuppe. Im Gegenteil: Ich bin für «je oller, je doller» und wollte schon immer 'ne schrille Alte werden. Lieber schrill als langweilig; das schaff ich (hoffentlich). In Bezug aufs Älterwerden halte ich's aber nicht mit Kalendersprüchen, sondern mit meiner vor Energie sprühenden Mutter, die im Brustton der Überzeugung zu sagen pflegte: «Das Leben beginnt ab 40.» Sie war die erste Emanze, die mir begegnete, lange bevor dieser Begriff überhaupt in den Sprachgebrauch aufgenommen wurde. Eine absolut selbstständige Frau, Chefsekretärin bei Mannesmann, mit exzellenten Führungskapazitäten und unschlagbarem Humor. Was nicht passte, wurde weggelacht. Die ungebremste Leichtigkeit des Seins habe ich von ihr.

Aber jetzt mal hübsch der Reihe nach:

Ich wurde am 9. Januar 1949 um 16 Uhr 15 ins Nachkriegsdeutschland geboren. Die genaue Uhrzeit wurde urkundlich protokolliert, ist mir persönlich ebenfalls schnurz, aber der guten Ordnung halber und für die Freunde der Horoskop-Erstellung sei es hiermit erwähnt.

Meine im Rheinland aufgewachsene Mutter Maria war 38, also für damalige Verhältnisse ziemlich spätgebärend, und mein groß gewachsener, hagerer Vater Karl 43. Ein Hesse, der mit Nachnamen Schwab hieß und den meine Mutter gerne lauthals Kareeel scholt (mit extralangem e), wenn sie in Rage war – und das war sie öfter.

Meine Mutter hatte Temperament, mein Vater die Ruhe weg. Er war ein stilles Wasser, eine grundehrliche Haut – Mutter Maria jedoch keine Heilige. Sie neigte leicht zum Kriminellen. Wozu die Wahrheit nicht ein kleines bisschen

schönen, wenn nötig? Für meinen Vater wäre es nie in Frage gekommen, eigenmächtig am Glücksrad zu drehen. Apropos Rad. Einmal hatte mein Vater einen selbst verschuldeten Fahrradunfall, und meine Mutter schlug vor: «Sag doch einfach, die Sonne hat dich geblendet.» Ein Unding für meinen Vater. Für ihn galt: Lügen verboten. So, wie er zeitlebens keinen Tropfen Alkohol trank, was für einen Mann, der Wirt wird, schon absolut ungewöhnlich ist, war mein Vater in Sachen Lügen stets abstinent. Ich habe das Beste von beiden, und das trägt mich noch heute durchs Leben.

Ein Jahr vor meinem Erscheinen gaben sich meine Eltern das Ja-Wort. Meine Mutter ganz in Weiß, mit langem Schleier. Mein Vater chic in Frack und Fliege, mit Einstecktuch und Zylinder. Er hatte schon Anfang der Vierzigerjahre ein Auge auf meine Mutter geworfen. Vor dem Krieg waren es noch zwei – eine Kugel machte den Obergefreiten Karl Schwab zum Kriegsversehrten. Er kam als Spätheimkehrer nach Deutschland zurück, auf einem Auge blind. Die Kugel steckte ein Leben lang in seinem Kopf, als bleiernes Andenken an die dunkelbraune Hakenkreuzzeit, über die weder er noch meine Mutter je reden mochten. Sooft ich auch nachfragte, das Geschehene und Gesehene blieben unter Verschluss. Nur einmal öffnete mir meine Mutter kurz die Tür zu ihrem Inneren, in dem sie die Nahaufnahmen von Entbehrung, Hunger und Kälte aufbewahrte, von Nächten auf mit Kohle beladenen Güterzügen, Fliegeralarm und Hamsterfahrten aufs Land zum Bauern, wo sie sich Kartoffeln und Butter ertauschte. Danach schloss sich diese Tür wieder.

Meine Mutter gehörte zur Generation Trümmerfrau.

Wie sie und all die anderen Mütter und Großmütter es schafften, die Stellung zu Hause an der sogenannten Heimatfront zu halten, und dann, nach dem Ende des Zweiten Weltkrieges, im Mai 1945 anpackten, um das Land wieder aufzubauen, ist bewundernswert. Diese Frauen verdienen mehr Anerkennung, als ihnen bis heute zuteilgeworden ist. Ich hatte schon immer das Bedürfnis, dafür einmal Danke zu sagen. 2017 bekam ich die Gelegenheit, meiner Mutter dieses Lied zu widmen:

Heut spuckt der Fernseher Schwarz-Weiß-Bilder aus
in den Straßenzügen steht nicht ein Haus
nicht mal die Kirchen blieben verschont
ein Trümmerhaufen und doch bewohnt
in diese Zeiten bist du gebor'n
hast dich durch die Nächte im Bunker gefror'n
und als es vorbei war und das Land in Schutt
warst du dir sicher: alles wird gut

Du setztest Stein auf Stein auf Stein
wo nahmst du die Kraft her
Stein auf Stein auf Stein
dein Glas war nie halb leer
du bautest auf Stein
Stein auf Stein auf Stein
du setztest immer
Stein auf Stein jeder Stein
ein Hoffnungsschimmer
und stürzte der Himmel über dir ein
setztest du Stein auf Stein

Ich seh' dich vor mir im zerbombten Grau
mit Schaufel und Besen, eine Steh-auf-Frau
Kriegshelden kriegen Orden verliehen
wer gab den Frauen was sie verdienen
du bist bis heute ein Vorbild für mich
ein Fels in der Brandung war nichts gegen dich
du hast schwarz gehandelt und unverhohl'n
nachts von den Zügen Kohlen gestohl'n

Stein auf Stein auf Stein
wo nahmst du die Kraft her
Stein auf Stein auf Stein
dein Glas war nie halb leer
du bautest auf Stein
Stein auf Stein auf Stein
du setztest immer
Stein auf Stein jeder Stein
ein Hoffnungsschimmer
und stürzte der Himmel über mir ein
setztest du Stein auf Stein
Stein auf Stein

Für meine Mutter war das Glas tatsächlich immer halb voll. «Geht nicht gibt's nicht», war ihr Credo. Nichts war unmöglich. Sie hatte die Gabe, andere mit ihrem sonnigen Wesen für sich einzunehmen, und ich vermute, dass mein Vater deshalb die Angel nach ihr auswarf. Ob sie miteinander immer glücklich gewesen sind, kann ich nicht sagen – es waren andere Zeiten. Da war Frau erst mal froh, wenn der Mann überhaupt aus dem Krieg zurückkam.

Meine Eltern waren, wie sich herausstellen sollte, ein gutes, alltagstaugliches Gespann und zudem wohl auch körperlich nicht uninteressiert aneinander. Sie neigten ganz offensichtlich zur Vielkinderei, denn ich bin der erste Streich von vieren. Nach mir kamen Franz, dann Tina und schließlich Marion. War meine Mutter bei ihrer Heirat noch ein schmales Persönchen gewesen, so rutschte ihre Figur mit jeder Geburt mehr auseinander. Man kann sagen, sie ist mit der Zeit optisch über sich hinausgewachsen. Genau wie ich. Ich sammle neuerdings auch kiloweise Hüftgold an und runde zusehends vor mich hin. Von den paar nächtlichen Kühlschrank-Gängen kann das nicht kommen! Wie auch immer, 1949 hatte ich mit meinen rund 3200 Gramm jedenfalls noch Idealgewicht.

Die Bundesrepublik Deutschland erblickte wenige Monate nach mir das Licht der Welt, mit dem Segen der Alliierten. Ihre Schwester DDR folgte im Herbst desselben Jahres. Die Siegermächte hatten gleich nach Kriegsende die NSDAP verboten und zur Entnazifizierung geblasen. Jetzt swingte es aus deutschen Volksempfängern und klang nach Zukunftsmusik. Alle Uhren auf Neuanfang.

Die Liebesgeschichte von Maria und Karl spielte im Westen, im amerikanischen Besatzungsgebiet, und wild war sie auch. Die Reichsmark schwächelte, der Schwarzmarkt blühte. Auf den Straßen summte man den Kippensammler-Blues. US-amerikanische Zigaretten waren die gängige Undercover-Währung, und die GIs punkteten bei den deutschen Fräuleins mit Nylonstrümpfen, Kaugummi und Schokolade.

Nun wich Ersatz-Kaffee aus Getreide echtem Bohnenkaffee, und in der neu geborenen BRD proklamierte Ludwig Erhard, pausbäckig dicke Zigarren rauchend, als Bundesminister für Wirtschaft «Wohlstand für alle». Konrad Adenauer nuschelte sich durchs Bundeskanzleramt, die D-Mark kam, die Bäuche wuchsen, und meine Eltern waren mittendrin im deutschen Wirtschaftswunderland: in Bingen am Rhein im Hotel Rolandseck.

Mein Vater hatte das Hotel von seinem Vater Franz-Josef geschenkt bekommen und im Laufe der Jahre noch einen Weinberg und eine Metzgerei dazuerworben. Einmal in der Woche war Schlachttag bei Schwabs, und der Geruch von Metzelsuppe machte sich im ganzen Haus breit. Ein Duft, der sich mir ganz tief eingeprägt hat wie das Parfüm meiner Mutter, das alle Räume unserer Wohnung beheimatete. Meine Kindheit roch nach Metzelbrühe, 4711 und Apfelkuchen.

Jodel-Rosemarie

Vor den Fenstern unseres Hotels glitten unablässig Schiffe vorbei, denn das Rolandseck hatte 1-a-Rheinblick. Dadurch lockte es zum einen Touristen an, aber auch alle Jahre wieder jede Menge Hochwasser, das je nach Höhe den Keller oder das erste Stockwerk flutete. Ich möchte deshalb die Geruchsskala meiner Kindheit um die Duftnote *Moder* erweitern. Die hielt sich ähnlich hartnäckig wie das Kölnisch Wasser meiner Mutter. Auch wenn der Keller längst ausgepumpt und trockengelegt war – es müffelte. Ich habe mich immer gefragt, warum Menschen ihre Häuser in den hochwassergefährdeten Gebieten nicht verlassen wollen? Du stehst doch wieder und wieder in Gummistiefeln im braunen Flussschlamm und bangst um dein Hab und Gut, dann zahlt die Versicherung nicht, und alles, was dir bleibt, ist der Mief. Es kann nur Heimatverbundenheit sein, die einen bleiben und singen lässt: «Darum ist es am Rhein so schön.»

Ich habe den Rhein in allen Facetten gesehen und geliebt und wäre sicher Wettkönigin bei Thomas Gottschalk geworden, wenn es darum gegangen wäre, Flüsse am Geruch zu erkennen. Der Rhein ist mein Sehnsuchtsort. 1956 war er so dick zugefroren, dass man darauf Schlittschuh laufen konnte. Hier in Hamburg kann ich die Elbe besuchen, wann immer mir danach ist, aber manchmal fehlt mir Vater Rhein, denn er riecht nach Zuhause.

Neben den Rhein-Touristen, die sich nur mit Frühstück oder Vollpension bei uns einbuchten, kamen auch Gäste der besonderen Art. Regelmäßig fuhren Dutzende Reisebusse vor und spuckten Unmengen von Tagesausflüglern aus. Am schlimmsten war es, wenn die Busse orangefarbene Nummernschilder hatten – denn dann kamen sie aus den Niederlanden. Ich höre meine Mutter noch heute rufen: «Zu Hilfe, die Holländer kommen!» Wenn Holländer-Tag war, wurde nämlich prinzipiell nur heißes Wasser bestellt, in das die holländischen Gäste ihre eigens mitgebrachten Teebeutel versenkten und dazu ihre selbst geschmierten Stullen auspackten. An Holländer-Tagen war meine Mutter auf 180 und unsere Kasse leer.

Mein Vater war ein eher in sich gekehrter Mensch, einer, der nicht viele Worte machte. Ein Gentleman, der vor jeder Frau den Hut zum Gruß zog und stets den Eindruck erweckte, er sei die Ruhe selbst. Das änderte sich aber schlagartig, wenn das Essen nicht pünktlich auf den Tisch kam; da wurde er fuchsig. Es war also penibel darauf zu achten, dass das kulinarische Zeitmanagement stimmte. Er war ein strenger Vater und verlangte tadelloses Benehmen, denn er kam selbst aus einem Haus, in dem man sehr viel Wert auf gute Erziehung gelegt hatte. Wir mussten beim Essen immer eine Hand auf den Tisch legen. Benimmverstöße waren tabu. Angst hatten wir nicht vor ihm, aber er flößte uns schon ordentlich Respekt ein. Im Alter wurde er sehr lustig; nur in Bezug aufs pünktliche Essen verstand er bis zuletzt keinen Spaß.

Wir frühstückten im Hotel immer im gleichen Raum, bevor die Gäste kamen, in einer Art Jagdzimmer. Mein Vater saß direkt unter einem riesigen, ausgestopften Adler mit scharfem Schnabel. Jedes Mal, wenn er aufstand, stieß er sich den Kopf an diesem Vieh. Wir warteten schon immer auf diesen Moment – doch noch bevor wir «Achtung! Vorsicht!» rufen konnten, war's wieder passiert. Man sollte doch annehmen, dass der Adler nach den ersten Attacken den Horst hätte wechseln müssen – besonders, nachdem mein Vater eine richtige Delle am Kopf hatte. Aber nein: Der Adler blieb, und das Schauspiel wiederholte sich täglich. Diese Duldsamkeit hätte ich nicht gehabt, ganz abge-

sehen davon, dass ich nie auf die Idee käme, mir ein aus-
gestopftes Tier an die Esszimmerwand zu nageln. Wenn
doch, würde ich kurzen Prozess machen: Einmal den Kopf
gestoßen, und das Vieh landete in den ewigen Jagdgrün-
den meiner Restmülltonne.

Wir waren eine recht feierwütige Familie; es wurde gefeiert, was das Zeug hielt. Karneval, Ostern, Weihnachten, Gedenk-, Geburts- und sogar Namenstage, kein Fest-
tag war vor uns sicher. Die Feierei in meiner Jugend hat
mir fürs ganze Leben gereicht. Mit meinem Dreißigsten
habe ich aufgehört, meinen Geburtstag zu feiern. ich mache das erst wieder, wenn ich 80 werde, und dann lade ich
alle meine Freunde und Feinde ein.

Einmal bekam ich zu Weihnachten einen Spielzeugherd geschenkt; wir saßen gemütlich beim Gänseschmaus, als meine Mutter bemerkte: «Hier riecht's verbrannt.» Mein Herd hatte Feuer gefangen und setzte unser Wohnzimmer in Brand. Das sollte nicht der einzige Feuerwehreinsatz im Hause Schwab bleiben: Im Jagdzimmer gab es einen Zigarrenschrank, der mich geradezu magisch anzog. Eines Nachmittags stiftete ich meinen kleinen Bruder Franz dazu an, daraus Zigarren zu stibitzen und mir auf den Dachboden zu folgen. Dort zündeten wir die dicken Dinger an, nahmen einen Zug, mussten fürchterlich husten und warfen sie weg. Kurze Zeit später brannte die Hütte.

Tja, was soll ich sagen? Ich war schon immer leicht entflammbar, vor allem für alles, was mit Musik und Unterhaltung zu tun hatte. Im Alter von vier Jahren erklärte ich meinen Eltern: «Ich werde Theaterin.» Für ein schüchternes, zierliches Ding mit dünnen Storchenbeinchen, Zöpfen und Schleifchen im Haar war das geradezu tollkühn, aber ich wusste eben genau, was ich wollte – nur nicht, wie das heißt.

Ich muss ungefähr sechseinhalb gewesen sein, da malte ich mit Franz Einladungen für unsere Hotelgäste, die wir dann im Restaurant verteilten oder sie unter den Hotelzimmertüren der Gäste durchschoben. Unsere geplante Theateraufführung hieß «Der jodelnde Kasper», und der Eintritt betrug 10 Pfennige. Eltern und Hotelgäste waren amüsiert, kamen, sahen und zahlten. Das war nur recht und billig, denn wir waren jung und brauchten das Geld für die Eisdiele vor unserem Hotel oder den nahen Kiosk am Bahnübergang, wo es Brausestäbchen für 2 Pfennige das Stück gab. Unser Schulweg zog sich nämlich: eine Dreiviertelstunde hin und wieder zurück, also anderthalb Stunden laufen. Das wäre ohne Brausepulver gar nicht zu schaffen gewesen.

Ab Mitte der fünfziger Jahre spielte an den Wochenenden bei uns im Hotel eine Band zum Tanztee. Das faszinierte mich ungeheuer; ich wollte unbedingt mitmachen und durfte es auch. Wenn ich sang, war meine Schüchternheit verflogen. Ich stand also regelmäßig vor der Combo und sang die zu der Zeit angesagten Schlager, in adretten, von meiner Mutter genähten Kleidchen. Die Zöpfe waren einer Kurzhaarfrisur zum Opfer gefallen, und ich sang mit Inbrunst und riesiger Zahnlücke Schlager von Conny Froboess wie «Pack die Badehose ein» oder von Caterina Valente «Wo meine Sonne scheint» (die deutsche Cover-Version von Harry Belafontes «Island In The Sun»). Freudestrahlend und ausgiebig lispelnd gab ich sämtliche Fünfzigerjahre-Hits zum Besten.

Als Siebenjährige hatte ich bereits den Sprung geschafft: vom heimischen Hotel-Hinterzimmer in die Stadthalle Bingen, begleitet von Herrn Dahn am Akkordeon. Als Gage gab's eine Tafel Schokolade. Damit kriegt man mich immer. Das muss jetzt aber unter uns bleiben, das dürfen meine bezaubernden Fans bitte nicht erfahren. Sobald Fans mitkriegen, dass du etwas gerne magst, wirst du fortan nach Auftritten damit überschüttet. Ich weiß, wovon ich rede, ich hatte das schon mal. Wenn sich das wiederholt, explodiert meine Waage. Dann lieber ein kleiner Geschenkgutschein von der Parfümerie, die lange Zeit damit warb, dass man rein- und auch wieder rausfinden muss.

Dort findet man sicher auch Speckwegrubbelcremes für den kleinen Geldbeutel, also für maximal zehn Euro. Ach, ich rede mich hier um Kopf und Kragen. Manchmal geht der Gaul mit mir durch, das habe ich von meiner Mutter.

Sorry, wo waren wir stehen geblieben? Ach ja, bei meinen ersten Schritten im Showgeschäft. Ich firmierte zunächst unter meinem Taufnamen Rosemarie, Vorname «die Kleine». Mit Namen kann ich strunzen, da waren unsere Eltern nicht geizig. Wir haben alle Doppelnamen, also zwei Vornamen. Die Mädchen alle mit M beginnend, dem M von Mutter Maria folgend. Nur mein Bruder Franz tanzte mit seinem F aus der Reihe; er hieß nach meinem Großvater väterlicherseits, hätte aber, wenn man's genau nimmt, eigentlich auch ein M vorm Komma haben, also mindestens ein Martin, Manfred oder Mathias werden müssen. Aber Ausnahmen bestätigen bekanntlich die Regel, und ich finde, mein Bruder hat's letztlich gut getroffen. Andere heißen wie IKEA-Regale, und es gibt sehr leckere Brötchen, die Franz heißen.

Ich wurde auf Marianne-Rosemarie getauft, Tina hat noch eine Monika im Pass stehen, und unsere jüngste Schwester heißt Marion. Marianne hat mich nie jemand genannt. Ich war «die kleine Rosemarie», sollte aber 1958 groß rauskommen. Immerhin hatte ich inzwischen schon beim Karnevalsverein im Nachbarort Weiler auftreten dürfen. Vor achthundert Jecken. Helau und Alaaf!

Eines Tages bekamen wir berühmten Besuch zur Tanzteestunde: Der Komponist Karl Götz lauschte meiner dreikäsehohen, fröhlich rausposaunten Schlager-Lispelei und schlug meinen Eltern begeistert vor, eine Schallplatte mit mir zu produzieren. Mein Wunsch, Theaterin zu werden, sollte tatsächlich in Erfüllung gehen. Wer weiß, was aus mir geworden wäre, hätten meine Eltern befunden, dass die brotlose Kunst nix für ihre Erstgeborene ist? Aber meine Mutter war abenteuerlustig und von Anfang an auf meiner Seite. Außerdem: Warum Brot, wenn man Schokolade haben kann?

Karl Götz schrieb drei Jahre später mit «Tanze mit mir in den Morgen» einen Riesenhit. Gerhard Wendland sang den Titel, der sich eine Million mal verkaufen sollte. Ich hatte bis dato nur Lieder von anderen Interpretinnen zum Besten gegeben, aber nun sollte ich eigens für mich geschriebene Stücke singen dürfen. Was für eine Chance! Karl Götz komponierte mein erstes Lied, einen Gute-Laune-Schlager, mit nach Augsburger Puppenkiste anmutendem Arrangement. Darin fand ich «ja, die dicken Dicken sind ja so gemütlich, so friedlich und so niedlich» und beschloss, «wenn ich groß bin, will ich auch so einen Mann». Geklappt hat das dann nicht wirklich. Die Lieben meines Lebens waren keine dicken Fische, sondern schmalbrüstig, was den Kontostand betraf, aber was kümmert einen, wenn man verknallt ist, das eigene Geschwätz von gestern?

Mein erstes eigenes Lied über die gemütlichen Dicken war die A-Seite meiner Single. Für die B-Seite besang ich in der «Ferien-Polka» meine Freude darüber, nicht zur Schule gehen zu müssen, und glänzte mit der Weisheit: «Wer verreisen tut, der hat es ganz besonders gut. Tralalalala …»

Von nun an ging's steil bergauf, und zwar im Tour-Bus. Der Schulwegmarathon war gestern. In Begleitung von Mutter und Privatlehrerin fuhren wir landauf, landab inmitten einer Horde musizierender Kettenraucher. Die Stimmung ausgelassen, die Luft zum Schneiden von Roth-Händle, Overstolz und Peter Stuyvesant. Eins, zwei, drei vier Eckstein, alles muss verqualmt sein. Wenn wir aus dem Bus stiegen, glichen wir frisch geräucherten Forellen. Das war er also, der berühmte Duft der großen weiten Welt. Ich war neun Jahre alt, Passivraucherin und auf Tournee mit Max Greger und seinem Orchester. Der Saxophonist hatte schon damals einen guten Namen. Ich war zweimal im Jahr für mehrere Wochen mit ihm und seiner Band unterwegs und fühlte mich pudelwohl mit den Musikern. Auf Tournee sein war keine Arbeit für mich, sondern fühlte sich an wie eine Klassenfahrt.

Neben den damaligen Stars Peter Kraus und Ted Herold war auf dieser Tournee auch die Sängerin Melitta Berg mit von der Partie. Sie hatte mit «Nur du, du, du allein» (der Cover-Version von «To Know Him Is To Love Him» der Teddy Bears) gerade einen Hit und saß im Bus immer ganz vorne in der ersten Reihe. Von dort zwang sie den Busfahrer, an jeder Kirche haltzumachen, dann stieg sie aus und erstand Dutzende Heiligenbildchen, die sie anschließend im Bus verteilte. Die Herren hätten dem Geist des Weines lieber zugesprochen, aber Melitta hatte es nun mal mit *dem* Heiligen. Wenn ich's recht bedenke, waren wir somit eher auf Wallfahrt. Auch Peter Kraus und Ted Herold konnten Melittas Kirchen-Stop-and-Gos nicht entkommen. Die beiden waren Rivalen und wurden von kreischenden Teenagern heiß umschwärmt, die sich bei den Konzerten erbitterte Konkurrenzkämpfe im Saal lieferten. Mein Höhepunkt war, wenn sich die Fans der Schmalztollen-Träger allabendlich mit Eiern und Tomaten bewarfen. Leider sah das Jugendschutzgesetz vor, dass ich dem Spektakel nur bis maximal 21 Uhr beiwohnen durfte; dann hatte ich schleunigst vom Veranstaltungsort zu verschwinden. Schade, gerne hätte ich weiter Mäuschen gespielt und den rock 'n' rolligen Halbstarken-Schlachten zugeschaut. Meinen Spaß hatte ich trotzdem, und diesmal gab's sogar Geld dafür! 80 Mark pro Tag für zwei Vorstellungen. Ich hätte in Brausepulver baden können.

Untergebracht waren wir auf den Tourneen meist in Hotels, die eher Wohnklos ähnelten und direkt am Bahnhof lagen. Auf die Frage, wo mein Zimmer denn läge, antwortete ich oft: «Auf Gleis drei.»

Engagementsvertrag

gemäß Tarifvertrag vom 23. 9. 1954 zwischen der I. A. L.
und dem Direktoren-Verband München

s Vertragsformular ist sorgfältig auszufüllen. Nichtzutreffendes ist zu streichen. Nebenabreden sind unter Ziffer V nieder-
ulegen.

Zwischen

m Unternehmer (Unternehmen):   Gastspieldirektion Karl B u c h m a n n

nschrift: Woikersdorf/ b. Nürnberg

ertreten durch:

itglied des Direktorenverbandes München: ja/nein   Nr.:

und

Rosemarie S c h w a b

a) dem — den — Artisten (bürgerl. Name — n —):

(Artisten-Name — n —):

ständige Anschrift: Sobernheim/Nahe, Gaststätte " Hohe Burg "

vertreten durch: Agentur Dolf Zenzen, München 12, Theresienhöhe 8

b) der Truppe:

vertreten durch den Truppenchef:

ständige Anschrift:

itglied der IAL: ja/nein   Nr.:

ird

emäß § 2 des Tarifvertrages (TV) folgender Vertrag geschlossen:

. Der Unternehmer engagiert den — die — Artisten (bzw. die Truppe) mit der Darbietung

Schlagersängerin

tehend aus _____ Damen, _____ Herren, _____ Hilfskräften (Assistenten - Lehrlingen)

für sein(e) Unternehmen   Tournee mit Max Greger

für die Zeit vom   1o. März 196o   19 ___ bis   8. Mai 196o   19

(beide Tage eingeschlossen) und zahlt an den — die — Artisten (bzw. Truppenmitglieder) gemäß § 5 TV

eine Gage von DM   8o.--   (in Worten ----- Achtzig ---------) täglich
sowie Reise und Gepäckkosten nach § 6 TV.   pro Vorstellung

. Der — die — Artist — en — (bzw. die Truppe) verpflichtet — n — sich,

1. die nach § 12 TV zu erstattende Eintreffensanzeige spätestens 30 Tage vor Beginn des Engagements durch eingeschriebene
Postkarte unter genauer Angabe der gegenwärtigen Anschrift an die oben bezeichnete, bzw. an folgende Anschrift des

Unternehmers zu richten

2. zugleich mit der Eintreffensanzeige folgendes Material einzusenden:

Fotos, Klischee

3. bei seinem Eintreffen das erforderliche Musikmaterial für _____ Orchestermitglieder zur Verfügung zu halten.

1958 bekam ich das Angebot, im Film «Die Straße» mitzuwirken, den ich selbst leider nicht anschauen durfte. Das Sittenfilm-Gucken war erst ab 18 erlaubt. Es ging um gefallene Mädchen, auch Bordsteinschwalben genannt, die in die Prostitution abgerutscht waren, ein deutsches Filmdrama mit Heinz Drache und Martha Wallner in den Hauptrollen. Erst 30 Jahre später konnte ich mir dabei zusehen, wie ich als Rosemarie den «Little Teenager Song» trällere. Im Fernsehen war die Welt damals noch schwarz-weiß, aber im richtigen Leben strotzten Tapeten, Vorhänge und Teppiche plötzlich nur so vor Farbe. Kunststoff ersetzte den ollen Schleiflack. Es war die Zeit von Käse-Igel und Toast Hawaii, von Pomade, Milchbars und Nierentischen. Conny Froboess wuchs langsam zum Teenager heran, und die Musikproduzenten feilten an Nachfolge-Kinderstar-Karrieren. Ich hatte in der Sängerin Gabriele eine starke Konkurrentin. Sie war schon zwölf und ich zugegebenermaßen ein bisschen neidisch auf ihr Duett mit dem Jazztrompeter und Sänger Louis Armstrong. Das englisch-deutsch gesungene Schlaflied «Uncle Satchmo's Lullaby» hätte ich zu gerne mit ihm gesungen. Aber mer muss och jünne könne, sagt der Rheinländer.

Ich hatte außerdem genug zu tun. 1959 nahm ich weitere Singles auf: «In Musik hab' ich 'ne Eins», «Ich möcht' schon sechzehn Jahre sein», «Wir fahren mit der Choo-Choo-Choo», «Dann wär' was los». Ich sang und sang, auf Platten und Bühnen, unbekümmert wie eh und je, und durfte wenig später auch mein ungeahntes Talent als *Jodel-Rosemarie* zur Schau stellen mit dem Kracher «Ich bin die kleine Jodel-Rosmarie, ich jodel abends und auch in der Früh ...» Loriot hätte seine wahre Freude an mir gehabt. Leider warte ich bis heute vergebens auf das mir zustehende Jodel-Diplom.

ROSEMARIE

1958

Ich bin Mary und nicht Jane

Ein Jahr später hatte es sich ausgejodelt, namenstechnisch. Ein Künstlername sollte her, einer, der international klang, am liebsten Englisch. Das war groß in Mode. Andere hatten es vorgemacht, und es leuchtete mir auch ein. Namen wie Gerhard Höllerich oder Ludwig Franz Hirtreiter klingen nun mal weniger sexy als Roy Black und Rex Gildo. Ich wollte aber keinen Phantasienamen; ich wollte ich bleiben. Jürgen Bockelmann nannte sich Udo Jürgens und hatte damit etwas von sich behalten können. Das wollte ich auch – also teilte ich Rosemarie durch zwei, tauschte die Namen um und drehte noch ein bisschen an der Schreibweise. Ich fand, das klang dynamisch, praktisch, gut: Mary Roos. Das mit dem Doppel-O im Nachnamen war wichtig: Roos, wie famos. Hat aber wenig genützt. Ich weiß nicht, wie oft ich im Laufe meiner Karriere als «Ross» angekündigt wurde. Da half nur durchlächeln und Schwamm drüber. Pferde sind im Übrigen sehr intelligente Wesen, und vielleicht hatten meine Auftritte nach einer solchen Anmoderation auch mehr PS. Wer weiß? Meine Schwester Tina hatte das Problem nicht. Tina York, das hat Swing und Klasse, ist kurz und prägnant, und man denkt bei York sofort an Stars und Broadway. Da sieht man mal, wie wichtig ein kleiner Buchstabe ist. Ohne zweites O werde ich zum Pferd, und ohne T ist die deutsche Sprache ohne Saf und Kraf.

Meine ersten Gehversuche auf Schallplatte fanden unter der Regie von Schlagerkomponist Horst Heinz Henning statt. Er war Plattenproduzent und später auch Textdichter vieler meiner Lieder und hatte mich musikalisch unter seine Fittiche genommen. Zwischen 1958 und 1969 wurden mit seinem Dazutun rund 100 Titel veröffentlicht, meist ohne mein Wissen. Viele Aufnahmen entstanden unter Pseudonymen und in aberwitzig vielen Formationen. Ich sang als Topsi, Rosi und Gitty, Mary und Perry, mit den Urbanos, Vocalos oder Sixtones. Jahre später kursierten einige dieser Jugendsünden auf CD und erinnerten mich damit an die umtriebigen Zeiten meiner frühesten Jugend, in der ich sie schon alle gehabt hatte: Erwin Lehn und sein Tanzorchester, Willy Berkings Big Band, das Gerd Schmidt Ensemble, das Orchester Paul Lemberg und und und … Ich sang immer nach Leibeskräften nach dem Motto «All you can sing» und bekam dafür Taschengeld. So konnte ich spielerisch das Handwerk der Studio-Sängerin erlernen und übernahm auch alle Chorgesänge. Obgleich ich nie gelernt hatte, Noten zu lesen, fielen mir die passenden Melodien und Chorsätze zu wie reifes Fallobst. Ich machte den Mund auf, und die richtigen Töne purzelten heraus. Ein Talent, das mich noch immer begleitet. In der Regel treffe ich jederzeit den guten Ton, doch auch ich kenne natürlich diesen Moment, in dem man unverhofft von der Tonleiter fällt. Saublöd, aber selbst Madonna lag mal ziemlich daneben.

Ich bin von Natur aus mit einem inneren Tonhöhe-Seismografen ausgestattet. Das heißt, ich weiß im Ernstfall schon, bevor der Ton meinen Mund verlässt, dass er schief ist. Dann gibt's nur leider kein Zurück mehr. Das Ding ist raus. Der schiefe Ton-Turm steht. Meist ist zum Glück kein weiteres Nachbeben zu erwarten. Es kommt aber auch vor, dass ich mitten im Konzert denke: «Was hat denn die in der zweiten Reihe für ein komisches Kleid an?», und zack, ist der Text weg. Das muss man sich mal vorstellen: Da stehe ich vor vollen Zuschauerrängen, singe ein Lied, das ich schon hunderttausendmal gesungen habe, unter Umständen mit sehr ergreifendem Text, und mein Geist geht unterdessen spazieren. Bitte nicht falsch verstehen: Ich finde es himmlisch, wenn der Geist spazieren geht. Wenn mir dabei allerdings 1500 Augenpaare folgen, wird's leicht nervenkitzelig.

Aber «Peinlich is nich'» ist meine Devise, und im Falle dieses Falles gehe ich ab wie Schmitz' Katze. Stoppe die Band mit einer Handbewegung und sage in die plötzliche Stille des Saales: «Ich hab' den Text vergessen. Ham Se auch gemerkt, ne? Am besten, ich geh noch ma' hintern Vorhang, komme wieder raus, und Sie tun bitte so, als hätten Sie mich noch nicht gesehen.»

Ich weiß, es gibt Kollegen, die fangen bei Textleerstellen an, mit den Armen zu rudern, Englisch zu kauderwelschen oder der Band Drohblicke zuzuwerfen. Ich nicht. Wenn der Wurm drin is', isser drin. Dann gilt es, Flagge zu zeigen und ehrlich zu sagen, was Sache ist. Damit bin ich immer gut gefahren. Das habe ich wohl von meinem Vater.

Während meine Mutter mit mir auf Achse war, ließ sie

meine jüngeren Geschwister in der Obhut meines Vaters, und er schmiss den Laden in Bingen eine Zeit lang mit seiner Mutter, unserer Großmutter, die im Hotel Rolandseck das Küchenregiment innehatte und froh war, ihren Sohn wieder für sich alleine zu haben. Sie ließ keine Gelegenheit aus, meine Mutter zu piesacken, und behauptete häufig: «Maria, das Personal klaut!» Dadurch versuchte sie Zwietracht zu säen, aber meine Mutter durchschaute Omas Strategien und hatte den besten Stand beim Personal. Sie war eine verantwortungsbewusste, gute Chefin, und die Angestellten vertrauten ihr. Nach dem Tod meiner Großmutter fanden sich die vermeintlich entwendeten Gegenstände wie Besteck und Silberschalen plötzlich alle in ihren Schränken und Kommoden wieder. Auch tafelweise Schokolade, die im Laufe der Jahre schon weiß angelaufen war. Meine Oma selbst war die diebische Elster gewesen! Ich liebte sie sehr, und zu uns Kindern war sie zeitlebens zuckersüß, nur mit ihrer Schwiegertochter bot sie sich permanent die klassischen Du-hast-mir-meinen-Sohn-weggenommen-Kämpfe.

Die anbrechenden Sechziger sollten Schwab'sche Wanderjahre werden. Wir checkten aus dem Hotel aus und zogen fortan ständig um. Das Nomadenleben endete erst im Schwarzwald, wo die Familie beschloss, in Villingen-Schwenningen sesshaft zu werden. Während meine Geschwister zu Hause wohnen blieben, fand ich mich in Bayern wieder, im Töchterinternat Schloss Seeleiten. Das Anwesen lag direkt am Staffelsee, war um die Jahrhundertwende erbaut worden und hatte der Trappfamilie als

Filmkulisse gedient, bevor es zum Internat wurde. Ich war nicht besonders groß gewachsen, aber von nun an auf Augenhöhe mit höheren Töchtern. Sie kamen aus der ganzen Welt, aus besten Häusern und fuhren mit Chauffeur vor. Als Sprösslinge wohlhabender Industrieller, Adliger und Diplomaten drückten sie auf Schloss Seeleiten die Schulbank mit dem Ausbildungsziel: Gattin des Generaldirektors. Meine Eltern hätten sich das nie leisten können, aber Herr Henning hatte angeregt, mich dort einzuschulen. Die Kosten würden von ihm übernommen werden. Dort sollte aus dem singenden Entlein ein Schwan werden, der weiß, wie man sich auf internationalem Parkett bewegt, Fremdsprachen spricht und, jetzt kommt's – faltenfrei bügelt. Ja, Bügeln war ein Hauptfach. Nie werde ich das «Mahnmal» an der Wand vergessen, auf dem in großen Lettern zu lesen stand: VOM WEITEN INS ENGE BÜGELN. Heute weiß ich: kann man machen, muss man aber nicht. Damals war es Paragraf 1 des geltenden Töchterinternat-Grundgesetzes. Wenn also eine weiß, wie man fachgerecht glattbügelt, dann ich.

Ich war inzwischen dreizehn Jahre alt und teilte mit Maria Berlinger das Zweibettzimmer. Maria war Bauunternehmerstochter, handfest, fröhlich und nicht die Bohne überkandidelt. Das passte und half auch über das blöde Heimweh hinweg, das mich immer wieder heftig überflutete, denn die Familie sah ich jetzt nur ein- bis zweimal im Jahr. Ich lernte Hauswirtschaften, Tippen und Tanzen, Englisch und Russisch und wie man sich die Beine rasiert. Vor allem, wie man die strenge Nachtruhe mit Taschenlampe unter der Bettdecke heimlich lesend hinauszögern kann und dass Endlosschleifen der Musik von Frank Sinatra innerlich vom Engen ins Weite beflügeln.

Auf Schloss Seeleiten lernte ich auch, wie man sich hochschlafen kann; vom ersten Stock ins Turmzimmer. Man musste nur älter werden. Je älter, umso größer die Chance, die Treppe hochzufallen, ein Einzelzimmer zu ergattern und zum Rapunzel aufsteigen zu dürfen. Am Ende meiner Internatszeit 1966 hatte ich es geschafft.

Freie Tage nutzte ich, um mit Herrn Henning Plattenaufnahmen zu machen. Es war vereinbart, dass er die von mir ersungenen Gagen auf einem Treuhandkonto parken würde, bis ich volljährig wurde. Als es so weit war, durfte ich dann feststellen, dass sich das Guthaben in Luft aufgelöst hatte wie der Dampf aus dem Internatsbügeleisen. Ich bin nicht nachtragend, und vom Weiten ins Enge grübeln ist auch nicht mein Ding. Durch Horst Heinz Henning bot sich mir schließlich auch während der Internatszeit immer wieder die Gelegenheit, Musik zu machen. Dafür bin ich dankbar. Durch ihn konnte ich Studioluft schnuppern, einmal sogar Fernsehstudioluft. Das war aufregend, schon allein, weil ich Udo Jürgens treffen sollte, der dort ebenfalls zu Gast war. Wir schrieben das Jahr 1961, ich war zwölf und trug ein Chanel-Kostüm, das mich älter machen sollte. Ich weiß noch, dass ich mich bemühte, meine Stimme tiefer und dunkler klingen zu lassen, damit ich erwachsener wirkte. Hatte ich vorher von Eisenbahnen, Ferien, Jodeln, Dicken und anderem Kindermundtauglichen gesungen, so präsentierte ich nun mit «Wenn die Liebe einmal zu dir kommt» mein erstes Liebeslied in der neuen NDR-Fernsehshow *Musik aus Studio B*. Erst seit 1960 war mein Gesicht auf Plattenhüllen abgebildet gewesen, und jetzt sah man mich neben Chris Howland, der die Sendung moderierte, auf der Mattscheibe. Das war ganz großes Kino für mich. Zum ersten Mal durfte ich mit anderen Showgrößen im deutschen Fernsehen auftreten; aus der Möchtegern-Theaterin Rosemarie war die Sängerin Mary Roos geworden.

Für mich ist das übrigens kein Beruf, sondern Berufung. Ich hatte einfach immer Freude am Singen und am Geschichten-Erzählen; jedes Lied ist im Grunde eine Kurzgeschichte. Als ich noch zur Schule ging, nutzte ich mein Talent und die Gelegenheit, *Fix-und-Foxi*-Geschichten zu schreiben. Das besserte mein Taschengeld merklich auf: Es gab stolze 300 Mark pro Geschichte. Doch im Gegensatz zu meinen Geschwistern lernte ich nichts Anständiges. Franz wurde Kfz-Techniker, Marion ist Krankenschwester, und Tina hat sogar zwei Berufe, den der Anwaltsgehilfin und ihre Karriere als Sängerin. Ich habe nicht mal den Führerschein. Kunstgeschichte zu studieren hätte mich interessiert, oder Gitarre spielen zu lernen. Das hätte auch den Fernsehregisseuren für ihre Bildinszenierungen gut in den Kram gepasst. Aber Kopf und Stundenplan waren einfach zu voll, um noch mehr reinquetschen zu können. Manchmal frage ich mich aber schon, was aus mir geworden wäre, wenn's mit der Musik nicht geklappt hätte.

Ich wühle gerne in der Erde, aber wenn man meine eingegangenen Primeln fragen würde, rieten die garantiert von einer Laufbahn als Gartengestalterin ab. Ich koche gerne, auch für andere, aber den ganzen Tag in der Kombüse stehen, und alles an dir stinkt nach Feierabend nach Bratfett – nee! Ich nehme gerne den Pinsel in die Hand und streiche draußen im Garten Türen und Fenster, am liebsten in Türkis, aber wenn ich tagtäglich auf die Leiter müsste, würden zuerst mein Rücken und dann meine gute Laune einknicken. Was noch? Ich habe einen leichten Dekozwang und will es zu Hause ästhetisch-gemütlich haben. Dafür drapiere ich Kerzenständer, Bilderrahmen, Vasen und andere Rum-steh-und-schön-ausseh-Teile auf Fensterbrettern und Kaminsimsen. Ich vermute deshalb, es hätte eine passable Innenarchitektin aus mir werden können. Aber hätte-hätte-Fahrradkette, ich habe den schönsten Beruf der Welt und würde auch nicht tauschen wollen. Ich bin ein Singvogel, und das ist gut so.

So leb dein Leben

Durch die Musik hatte ich immer Wind unter den Flügeln. Sie lässt mich fliegen. Dass man im Musikgeschäft auch Federn lassen muss, hätte ich mir als Kind nicht träumen lassen. Zur jungen Frau heranwachsend, sollte ich diese Erfahrung aber schnell machen dürfen. Anfangs hatte ich noch Welpenschutz, doch plötzlich passte den Plattenbossen meine Nase nicht mehr. Die Zahnlücke schon gar nicht. Ich war ein dünner, dunkelhaariger Teenager mit ausgeprägten Wangenknochen, dem man nahelegte, sich Schönheitsoperationen zu unterziehen. Dass das nicht ohne Folgen für mein gerade erst flügge werdendes Selbstbewusstsein blieb, ist klar. Ich hatte das Gefühl, nicht zu genügen. Man bestimmte, was ich anziehen sollte und welche Titel ich sang, und ich folgte brav der Reiseleitung. Damit hatte ich keine Probleme, war ja alles für 'nen guten Zweck namens Karriere, aber mich unters Messer legen? Ich glaube, es hackt!

Nie käme ich auf die Idee, an mir rumschnippeln zu lassen. Wenn man mich heute im Profil anschaut, habe ich kein Doppel-, sondern ein Dreifachkinn. Das scheint von besonderem Interesse für Pressefotografen zu sein; da wird mit Vorliebe von unten in die Nasenlöcher geknipst.

Vorteilhaft ist anders. Aber deswegen Lifting und Nerven-gift? Das tut doch weh, und es ist fraglich, ob man sich da-nach noch selbst im Spiegel wiedererkennt. Außerdem drohte mir mein Freund Roland, der Kaiser, mit Freund-schaftskündigung. «Wehe, du lässt was machen», polterte er neulich in den Telefonhörer. Ich werde den Teufel tun und «was machen lassen». Meine Nase ist immer noch die alte. Gut, die Zähne mussten irgendwann mal renoviert werden, und wie lange ich noch ungelasert aus der Wä-sche gucken kann, ist fraglich, aber bis dahin: abwarten und Tee trinken.

Ich weiß, das sagen sie alle, das mit dem Viel-Wasser-Trinken, aber bei mir stimmt's. Ich habe von Haus aus null Promille. Ich bin, wie mein Humor, trocken, und das schon seit Kindertagen. In unserem Hotel Rolandseck tran-ken nur die Gäste Alkohol. Wenn bei uns mal Bier ausge-schenkt wurde, dann nur, um den Gummibaum damit zu putzen. Bier ist ein super Glanzmittel für die Blätter. Da kommt selbst Meister Proper nicht mit.

Ich wollte auch glänzen – mit meinem Talent als Sängerin. Okay, ich sah anders aus als die anderen singenden Mäd-chen, und ich war auch anders, weniger niedlich und we-der außen noch innen blond. Wencke und Gitte hatten ihren Weg gefunden. Sie begeisterten als Entertainerin-nen, und ich eiferte meinem großen Vorbild Caterina Va-lente nach. Singen, tanzen, schauspielen; all das wollte ich auch können. Als Kind hatte man mich in den Presse-kritiken die Valente vom Mäuseturm genannt (nach dem Wachtturm auf der kleinen Rheininsel bei Bingen). Jetzt bezeichnete man mich immer und überall als «die Aparte». Ich hasste das, ohne zu wissen, was es überhaupt bedeutet. Apart. Was sollte das denn sein? Für mich klang es nach abartig, nicht der Norm entsprechend, aus dem Rahmen fallend, dabei wollte ich nicht aus der Reihe tanzen, nicht anders sein als die anderen, sondern dazugehören. Ich blieb die Aparte, ob es mir passte oder nicht.

Das Gefühl, optisch den Anforderungen nicht entsprechen zu können, war verunsichernd und begleitete mich im Grunde bis zu meiner ersten Fotosession in Frankreich Anfang der Siebzigerjahre. Als der Fotograf zur Begrüßung begeistert ausrief: «Endlich mal ein Gesicht!», machte es in mir klick. Halleluja, dachte ich, hier bleibe ich! Diese vier Worte waren mein Befreiungsschlag. Manchmal muss man die Perspektive wechseln, um klar sehen zu können.

In Frankreich fremdelte niemand mit meinem Aussehen, im Gegenteil. Man hielt mich für eine Französin, aber dazu gleich mehr. Ich habe übrigens tatsächlich erst gut zwanzig Jahre später einmal im Duden nachgeschaut, was apart eigentlich heißt, und war ziemlich erstaunt darüber, dass es nicht die Bohne beleidigend ist, apart genannt zu werden. Dieser Begriff steht unter anderem für besonders, reizvoll, schön, kultiviert, stilvoll – und dann stand da noch, apart käme aus dem Französischen (schau an!). Jetzt fragen Sie sich sicher, warum ich nicht schon Ende der Sechzigerjahre mal einen Blick ins Lexikon geworfen habe. Dazu kann ich nur sagen: Wann denn? Ich hatte ja immer zu tun. Wenn ich nicht bügelte, sang ich, und außerdem war ich verknallt. Und zwar in Pierre. Und genau so, wie man sich das vorstellt, mit feuchten Händen und weichen Knien und Herzklopfen, also dem vollen Programm. So, wie es auf meiner 1969 veröffentlichten Single zu hören ist: «Es machte knall, es machte bumm, ich weiß bis heut noch nicht, warum, das hat die Welt noch nicht erlebt, ich bin verliebt.»

Pierre war meine erste große Liebe. Das heißt, um genau zu sein, gab es vor Pierre schon eine Liebe, eine vorerste, eher zarte. Er hieß Jean-Pierre und kam aus Les Sables-d'Olonne. Ein wunderbarer Mensch. Wir *gingen* miteinander, aber da lief nix, nicht mal die Nase. Wir schrieben uns noch jahrelang Briefe, die ich bis heute aufbewahrt habe; aber irgendwann schlief unser Kontakt ein, und wir verloren uns aus den Herzen.

Meine Geschwister gingen in Villingen gerne in die Disco. Der angesagte Laden hieß *Scotch Club*. Dort traf sich die Jugend am Wochenende. Ich war eigentlich keine Tanzmaus; wenn ich von Studioaufnahmen nach Hause kam, wollte ich in der Regel meine Ruhe haben, ließ mich aber eines Abends von ihnen überreden, mit auszugehen. Im *Scotch Club* angekommen, schnappte ich von einer Runde Jungs die in meine Richtung gemünzten Worte auf: «Die brauchst du gar nicht zu fragen, die tanzt nicht.» Und dann kam Pierre – und ich tanzte und tanzte und tanzte …

Villingen war Garnisonsstadt, es wimmelte nur so von jungen Franzosen. Als Pierre Scardin um meine Hand anhielt, sagte ich sofort Ja. Ich lernte ihn mit 19 kennen, und wir heirateten am 3. November 1969. Wir bekamen Glückwünsche noch und nöcher. Plötzlich hatte ich Freunde, von denen ich noch gar nichts gewusst hatte – es stellte sich heraus, dass alle dachten, ich hätte Pierre Cardin, den französischen Modeschöpfer, geheiratet. Da haben wir's wieder: kleiner Buchstabe, große Wirkung. Aber was ist schon ein S unter Freunden?

Unser Hochzeitsreiseziel hieß Frankreich. Wir machten unter anderem halt an der Côte d'Azur, hatten Spaß im Spielcasino von Cannes und landeten schließlich in Pierres Elternhaus an der Côte de Granit Rose in der Bretagne, in einem einfachen, alten Steinhaus auf der Île-Grande, direkt vor der Steilküste am Atlantik. Das Haus war nach Pierres Vorfahren benannt und hieß «Ker Hervet», was übersetzt so viel heißt wie Haus Erich. Klingt nach Seniorenstift – aber es war üblich, die Häuser nach den Hausherren zu benennen. Erichs bretonisches Häuschen war schlicht und ergreifend, mit einfacher Innenausstattung und Kamin in jedem Zimmer. Heizung brauchte man auch, denn ab Herbst wurden die Nächte schon recht frisch. Ich erinnere mich an zauberhafte Urlaube dort mit der ganzen Familie.

Der Franzose verbringt seine Ferien gerne dort, wo man seine Sprache spricht. Im Urlaub Englisch reden müssen? Non merci. Und warum in die Ferne schweifen, wenn das Gute liegt so nah? Man mietet oder besitzt ein Ferienhaus auf dem Land oder am Meer. Wer einmal im August an der Côte d'Azur war, der weiß, dass sich im Stau Stoßstange an Stoßstange mit französischem Kennzeichen reiht. Auf unserer Hochzeitsreise damals hielt sich das Verkehrsaufkommen aber noch in Grenzen. Die Ferienzeiten in Frankreich gehören zu den schönsten meines Lebens; täglich fuhren wir mit Pierres Cousin Yvon, einem Fischer, auf seinem Boot hinaus, um das Mittagessen zu fangen. Meistens kamen wir mit jeder Menge Makrelen zurück, meinen Lieblingsfischen, die Pierre hinter dem Haus ausnahm und für den Grill vorbereitete. Ich saß bei unseren Ausritten übers Meer mit Vorliebe vorne auf dem Boot und genoss die Wellen, während Pierre Mühe hatte, das Frühstück bei sich zu behalten. Obwohl ich damals kein Wort Französisch sprach, war ich überglücklich. Pierres Mutter wuselte den ganzen Tag kopfüber im Garten herum und zauberte dann frisch geerntetes Obst und Gemüse auf den Tisch. Pierres Vater war General in der französischen Armee und hatte die Welt gesehen; eine Seele von Mensch, der viel von seinen Aufenthalten im Ausland erzählte. Aus Algerien brachte er zum Beispiel ein Couscous-Rezept mit. So was hatte ich noch nie gegessen. Bei Schwabs gab's rheinische Hausmannskost: Kartoffelpuffer, Sauerbraten, Markklößchen und Co. In der Bretagne aß ich nun zum ersten Mal Couscous mit in der Erde gegartem Lamm. Köstlich.

Sooft ich konnte, saß ich vorm Fernseher und versuchte, mir die französische Sprache anzueignen, denn Pierre sprach nur Deutsch mit mir. Mit meinen Schwiegereltern war Konversation ausschließlich mit Händen und Füßen möglich. Da nützten mir das gelernte Internats-Russisch und Englisch wenig. Ich wurde später einmal in einem Interview gefragt, ob mein Mann und ich denn zu Hause Französisch miteinander sprächen, und musste verneinen. In seiner Muttersprache parlierte Pierre nur mit dem Hund.

Meine Schwiegereltern waren liebevolle Menschen, die mich mit offenen Armen aufnahmen. Wir mochten uns auf Anhieb, obwohl wir nur Bahnhof verstanden, wenn wir miteinander redeten. Pierre musste übersetzen, von morgens bis abends. Dass ich Deutsche war und die Schrecken des Zweiten Weltkrieges in Frankreich auch Ende der Sechzigerjahre für viele noch nicht vergessen waren, ließ mich in Pierres weltoffener Familie nie jemand spüren. Es war kein Thema. In Holland hingegen schlug mir eisiger Wind entgegen, einzig, weil ich Deutsche war. Und es ist auch verständlich. Sechs Millionen ermordete Juden. Das war und ist nicht wiedergutzumachen. Diese Schuld wiegt so schwer, die wirst du nicht los, auch wenn du erst nach Kriegsende geboren bist. So ein Schuldrucksack muss aber irgendwie geschultert werden. Darüber, wie Vergeben ohne Vergessen gelingen kann, dachte ich als junge Frau viel nach, besuchte das Konzentrationslager Dachau, in der Hoffnung, zu begreifen. Aber wie begreift man das kaum in Worte zu Fassende?

Bei meinem ersten Besuch als Schwiegertochter in der Bretagne erfuhr ich, dass die Familie meines Mannes im Zweiten Weltkrieg zwei deutsche Soldaten in ihrem Brunnen versteckt hielt. Die jungen Deserteure wären von den Deutschen erschossen worden, hätte man sie entdeckt. Das konnten die Scardins nicht zulassen. Bis Kriegsende boten sie den jungen Männern Schutz und Zuflucht, und viele Jahre kamen die Geretteten einmal im Jahr zu Besuch in die Bretagne, um sich zu bedanken. Dass Versöhnung zwischen unseren Völkern möglich sein könnte, schien bei Kriegsende noch illusorisch. Meine Schwiegereltern trugen einen kleinen Teil dazu bei, dass deutsch-französische Freundschaft mehr ist als eine Wunschvorstellung.

Als Pierre und ich uns auf den Weg zurück nach Deutschland machten, fühlte ich mich durch meinen französischen Familienzuwachs reich beschenkt. Unterwegs erstanden wir einen schönen, alten Holztisch, den wir zum Transport aufs Autodach banden. Der Tisch musste mit, obwohl er ein tiefes Loch in die eh schon klamme Reisekasse riss. Unser Bares reichte gerade noch fürs Tanken und eine letzte Übernachtung in einem Fernfahrerhotel. Hier sagten sich zwar nicht Fuchs und Hase gute Nacht, aber wir erwachten am anderen Morgen übersät mit Flohbissen. Romantischer kann eine Hochzeitsreise kaum enden.

Pierre arbeitete in Villingen-Schwenningen als Einzelhandelskaufmann bei SABA. Die Firma stellte Rundfunkgeräte, Tonbandmaschinen und jede Menge andere Unterhaltungselektronik her. Außerdem gab es ein Tonstudio auf dem Werksgelände, in dem auch ich Aufnahmen für das firmeneigene Label *SABA Schallplatten* machte. Auf dem Plattencover war ich jetzt mit dickem, schwarzem Lidstrich zu sehen. Es war die Zeit der Hippie-Bewegung. Sexy-Mini-Super-Flower-Pop-Op-Cola, alles war in Afri-Cola. Modisch war erlaubt, was gefiel, vor allem, wenn es bunt war. Mini- oder Maxirock, Lederwesten mit Fransen, Plateauschuhe, Glitzerjacketts, Hotpants und Schlaghosen. Sogar die Wählscheibentelefone gab es in Grün oder Orange, und an jedem Küchenfliesenspiegel klebten knallfarbene Pril-Blümchen.

Bundeskanzler Willy Brandt setzte im Dezember 1970

mit seinem Kniefall bei der Kranzniederlegung am Ehrenmal für die Toten des Warschauer Gettos in Polen ein Zeichen für Versöhnung und Sühne. Einen Monat später verbannte Hans-Dietrich Genscher die Verniedlichung «Fräulein» aus dem Amtsdeutsch. Von nun an war eine Frau eine Frau, ob verheiratet oder nicht. Ich war laut Trauschein Frau Scardin, aber beruflich weiterhin Mary Roos. Pierre begleitete mich zu Fernsehauftritten, organisierte die Reisen, verhandelte mit Plattenfirmen und führte Vorgespräche bei Interviewanfragen. Heute würde man sagen, er war mein Manager. Für mich war er der Mann an meiner Seite. Ehemann, Freund, Liebhaber, Dolmetscher und Vertrauter. Ich liebte ihn sehr und fand zu meiner Belustigung ein Jahr nach unserer Trennung im Schreibtisch einen Barscheck über eine Gage in Höhe von 6000 D-Mark. Der war natürlich nach so langer Zeit nicht mehr einlösbar. C'est la vie. Ein bisschen Schwund is' immer.

Die Siebzigerjahre waren ereignisreich, nicht nur politisch. Pierre und ich waren ständig unterwegs; von 365 Tagen im Jahr waren gut 250 mit Konzerten und Fernsehauftritten verplant. Wir zogen von Hangenmeilingen nach Kubach (wer kennt es nicht?) und von dort nach Braunfels, und für mich begann durch die Zusammenarbeit mit Michael Holm eine entscheidende Phase meines musikalischen Werdegangs. Michael wurde in dieser Zeit mein Plattenproduzent und Wegbereiter. Ich muss ihm unbedingt noch mal sagen, wie dankbar ich bin, dass er so fest an mein Potenzial als Sängerin glaubte. Er ermöglichte mir einen Plattenvertrag mit CBS; davor hatte es ein Album mit vertonten Märchen gegeben und ein weiteres mit ollen Kamellen von mir aus den Sechzigern, produziert von Willy Berking. Mit Michael Holm begann für mich nun eine neue Ära mit modernen Songs, die einer jungen Frau wie mir gut zu Gesicht standen. Wir nannten das Album schlicht «Mary Roos» und landeten mit der ersten Single-Auskopplung unverhofft einen Hit. «Arizona Man» hielt sich über Monate in den deutschen Radio- und Verkaufscharts und kletterte bis nach oben. Es war eine Komposition von Giorgio Moroder, der wenig später für seine erfolgreichen Produktionen mit Donna Summer, Blondie, David Bowie und vielen anderen Stars zum grammy- und oscarprämierten Discobeat-König gekürt werden sollte.

Giorgio Moroder kreierte einen frischen, poppigen Sound zum Text von Michael Holm. Schon das groovige Stylophone-Intro von «Arizona Man» klang anders als die Schlagermusik, die ich bis dahin veröffentlicht hatte. Es lud unmittelbar zum Tanzen ein. Die Aufnahmen für die LP fanden in München und Hamburg statt, und der musikalisch-bunte Stil der Platte war wegweisend für meine weitere Laufbahn. Ich fühlte mich angekommen.

Ins Münchner Studio wurden neben den Instrumentalisten auch Chorsängerinnen verpflichtet. Dreimal dürfen Sie raten, wer auf meinen von Michael Holm produzierten Platten mit mir zusammen Chor sang. Richtig: Donna Summer und Heidi Stern. Beide Kolleginnen sollten noch weltweit Karriere machen: Donna mit Moroders Disco-Sound und Heidi unter ihrem Künstlernamen Jennifer Rush.

Auf diesem Album gab es neben der Neukomposition «Arizona Man» etliche ins Deutsche übertragene Cover-

Versionen populärer Songs, unter anderem das von Paul Simon und Art Garfunkel zum Hit gemachte «El Condor Pasa» («Der Condor zieht»), der brasilianische Klassiker «Mas Que Nada» («Blauer Montag») und auch Frank Sinatras Welthit «My Way» («So leb dein Leben»). Michael Holm habe ich es zu verdanken, dass Frank Sinatras Musik es aus meinem Internatsbett ins roosige Rampenlicht schaffte.

Dass ich mit Anfang zwanzig ein Lied sang, das die Retrospektive eines erfüllten Lebens erzählt, war für mich nichts Außergewöhnliches. Ich liebte es, mit meinen Liedern Geschichten zu erzählen, aber ich hatte mehr als Respekt vor der Tonhöhe und bat Michael Holm darum, das Arrangement nach unten zu transponieren. Er forderte mich auch bei anderen Songs über die Maßen, indem er für mich Tonarten in schwindelnden Höhen aussuchte, von denen ich dachte, dass ich sie nie souverän würde erklimmen können. Er bestand aber auf den hohen Lagen und war der Meinung, gerade das verleihe meiner Stimme Strahlkraft. Unsere Zusammenarbeit war kreativ, aber nicht ohne. Ich hatte meinen eigenen Kopf. Er auch. Wir rieben uns mehr als einmal aneinander, wenn er zum Beispiel fand, ich solle immer wieder *Baby, Baby* in die Songtexte einbauen. Er fand das klasse – ich fand es blöd. Aber wie man weiß, erzeugt Reibung Wärme, und die Gesangsaufnahmen gelangen schlussendlich auch ohne *Baby* ...

Ich wusste übrigens lange nicht, dass «My Way» im Original ein französisches Chanson ist, das der von France Gall verlassene Komponist Claude François aus Liebeskummer geschrieben hatte. Paul Anka hörte «Comme d'habitude» während eines Frankreich-Besuches im Radio und erwarb die Rechte. Zurück in Amerika, bot er Frank Sinatra seine englische Fassung davon an – der Rest ist Geschichte. Sinatra soll den Song gehasst haben und hätte ihn am liebsten aus seinem Liveprogramm genommen. Aber Welthit verpflichtet, und die Leute wollten ihn ohne nicht von der Bühne gehen lassen.

Mit einundzwanzig hinterm Tonstudio-Mikrofon konnte ich nicht ahnen, dass mich dieses Stück über Jahrzehnte begleiten würde. Charly Niessen hatte den deutschen Text geschrieben. Er war schon in den Fünfziger- und Sechzigerjahren der angesagte Textdichter und Komponist und schrieb unter anderem Hildegard Knef Lieder auf den Leib. «Eins und eins, das macht zwei», «In dieser Stadt» und «Aber schön war es doch» stammten aus seiner Feder. Mit «So leb dein Leben» hat er etwas geschaffen, das zeitlos schön und wahrhaftig ist. Als ich das Lied fast fünfzig Jahre später auf meiner Abschiedstournee sang, bekamen die ersten Worte des Liedtextes auf einmal mehr Gewicht als je zuvor – ein Gänsehautmoment. Ich vermute, nicht nur für mich. Auch mein Publikum hatte nah am Wasser gebaut, als ich sang:

Mein Freund, einmal da fällt doch auch für dich der
*   letzte Vorhang*
du gehst von dieser Welt und dann kommst du an
*   jenem Tor an*
du weißt, dein Lebensweg war manchmal krumm
*   und manchmal eben*
dass du dann grad stehn kannst, so leb dein Leben

Dass du dann sagen kannst, ich hab getan, was
manchmal sein muss
ich hab geliebt, getanzt, es ist nicht viel, was ich
bereuen muss
ich nahm, was mein war, doch ich hielt die Hand auf
auch zum Geben
dass du das sagen kannst, so leb dein Leben

Ich weiß, es gab so manches Mal nach einem Hoch
manch tiefes Tal
ich hab so oft umsonst gehofft, ich hab's gefühlt und
doch verspielt
Hab viel gefragt und doch versagt, so war mein
Leben

Ich hab auf Sand gebaut und nicht durchschaut, was
zu durchschaun war
ich hab dafür bezahlt und noch geprahlt, wenn ich
schon down war
und heut schau ich zurück, ob man's verzeihn kann
und vergeben
dass du das sagen kannst, so leb dein Leben

Denn was wär ein Mensch, der keiner ist, der nicht
als Mensch er selber ist
der niemals weint, der niemals lacht, der niemals
lügt, nie Fehler macht
der nie gesteht, es ist zu spät, so war mein Leben
so war mein Leben

Ich weiß nicht, wie oft ich «So leb dein Leben» schon gesungen habe; bestimmt viele tausend Male, auf den unterschiedlichsten Bühnen und Festivals. Es wurde ständiger Begleiter und Schlusslied meiner Bühnenshows. Einmal wurde ich für eine Gala engagiert; das Schöne an Galas ist, dass sie in der Regel sehr gut bezahlt werden. Weniger schön ist, dass du ewig warten musst, bis du drankommst, und dass es bei diesen Industriejobs keine artgerechte Garderobensituation gibt. Gerne werden diese Veranstaltungen in großen Sälen mit Bewirtung zelebriert. Die künstlerischen Darbietungen dürfen erst nach Ansprachen, Geschäftsberichten, Auszeichnungen und Mitarbeiter-Lobhudeleien stattfinden. Und zwar nach dem servierten Fünf-Gänge-Menü, gerne aber mal auch währenddessen. Dann ist das Klappern von Geschirr und Besteck lauter als die Musik von der Bühne. Stört aber niemanden im Publikum. Wie heißt es so schön bei Wilhelm Busch? Musik wird störend oft empfunden, dieweil sie mit Geräusch verbunden.

Keine Garderobe zu haben bedeutet, sich auf der örtlichen Toilette zu schminken und umzuziehen und dann im Küchenbereich vor dem Veranstaltungssaal zu warten, bis du dran bist. Das kann sich ziehen. Mit Glück kleben deine Stöckelschuhe nicht am bratfettigen Küchenboden fest, und die Frisur sitzt auch noch, nachdem dir klar wurde, dass die Dunstabzugshaube die dicke Luft nicht wirklich aus der Küche kriegt. Die ganze Zeit öffnen und schließen sich die Schwingtüren, und das Personal eilt mit vollen und leeren Tabletts raus und wieder rein. Irgendwann ist es dann so weit – du hörst endlich deinen Namen, und Brot und Spiele können beginnen.

Ich dachte schon oft: Wenn die Menschen wüssten, wo du jetzt herkommst ... Vielleicht ist es aber auch gut, nicht zu wissen, welche Verschläge und Katakomben sich hinter prachtvoll erleuchteten Bühnen befinden, denn das entzaubert.

Die Band und ich durften nun also die Bühne betreten, musizierten tapfer gegen das Dinieren im Saal an und landeten schließlich mit «So leb dein Leben» beim letzten Song unseres Showprogramms. Als ich am Ende des Liedes Luft holte, vorm Höhepunkt, diesem Moment, an dem die Band immer eine kurze Zäsur macht, um meinem bevorstehenden hohen, langen Ton Raum zu geben und Spannung zu verleihen, ich da stand, die Arme emporgehoben, und mit Inbrunst sang «So leb dein ...», schrie ein Ober lauthals: «KALBSHAXE!», direkt gefolgt von meinem «... Le-eeeeeeeeee-been!» zum Grande Finale der Band. Meinen Lachkrampf hielt man für Rührung. Es gab Applaus, Blumen und warme Worte. In solchen Momenten denkst du beim Verbeugen an die stattliche Gage und weißt: Manchmal ist es Schmerzensgeld.

Nur die Liebe lässt uns leben

There's no business like show business, sagt man, und mit einem Mal war ich mittendrin. Mein «Arizona Man» verhalf mir zum Durchbruch. So stand es zumindest in der Presse. Komisches Wort: Durchbruch. Da denke ich sofort an eine Blinddarm-OP; ich habe eine blühende Fantasie.

Dieser Durchbruch verschaffte mir Gehör. Bisher hatte ich zwar schon eine Fülle an Titeln veröffentlicht, war aber eher unter dem Radar gesegelt. Das war kein Problem für mich, zumal ich die B-Seiten meiner Singles oft lieber als die A-Seiten mochte. Aber einen richtigen Hit zu haben war schön. «Arizona Man» machte mich zum Mädchen auf Seite 1. Ich fand mich auf Titelseiten von Illustrierten wieder und war in Starporträts der BRAVO zu sehen. In diesem Jugendmagazin zu sein hieß, «in» zu sein, denn die BRAVO war Kult. Ich hatte sie mir zuletzt als Teenager vom Taschengeld geleistet. Nun wurde darin über mich berichtet – in einem Heft mit Dr. Sommer. Ich wurde in alle gängigen Fernseh- und Radiosendungen eingeladen und bekam die Chance, Caterina Valente kennenzulernen. Mit ihr in einer Sendung zu sein war umwerfend. Ich weiß noch, dass ich jede Gelegenheit nutzte, um sie von den Kulissen aus bei den Proben zu beobachten. Wie hätte ich besser lernen können, wie man sich vor der Kamera bewegt? Mehr als einmal fragte mich der Regisseur: «Sag mal, hast du kein Zuhause?», denn ich war immer da und stahl mit den Augen. Catrin spürte schnell, was mich an- und umtrieb, wurde mein Protegé und förderte mich, wo sie nur konnte. Bei Garderobenknappheit nahm sie mich mit in die ihre. Für mich ist und bleibt sie Caterina die Große, ein Vorbild musikalisch wie menschlich. Wir sind noch heute in Kontakt und schicken einander seit Jahrzehnten Weihnachtskarten, und meine Grüße an sie beginnen immer mit: «Liebe Cafeteria Lente ...» Vielleicht habe ich es Catrin zu verdanken, dass man mir ein eigenes Fernsehformat anbot? Mit *Mary's Music* konnte ich mich in einer Personality Show präsentieren, in vier Folgen produziert vom Saarländischen Rundfunk. Die Les Humphries Singers eröffneten mit einem eigens für mich komponierten Titelsong, und meine internationalen Gäste gaben sich die Klinke in die Hand. Sie sangen solo und mit mir im Duett. Die Sendung hatte alles, was man von einer Show erwartet, ständige Kostümwechsel, buntes Programm und Showtreppe. Neben deutschsprachigen Kollegen kamen unter anderem Gianni Morandi, Michel Fugain oder Roger Whittaker, und auch der charmante, als «Monsieur Butterfly» bekannte Danyel Gérard. Vor der Kamera der sensible Künstler, leise singend, immer mit Hut, sich mit der Gitarre begleitend, doch vor der Sendung zu schwach, den eigenen Koffer zu tragen. Das wollte er lieber seiner jungen Promoterin überlassen, die sich mit dem schweren Ding abmühte. Da war er bei mir gerade richtig. Wenn ich so etwas sehe, kann ich meinen Mund nicht halten. Ich fand, der Koffer könne auf dem Parkplatz stehen bleiben, bis Monsieur geneigt sei, ihn selbst in die Garderobe zu wuchten. Ich hab's ja gern, wenn ein Mann etwas kann, aber ein schönes Chanson macht noch keinen Gentleman.

In *Mary's Music* hatte ich auch Eugen Cicero und sein Trio zu Gast. Ein begnadeter Pianist und Musiker, der auch unter der Leitung von Paul Kuhn im RIAS Tanzorchester und in der SFB Big Band spielte. Leider starb er viel zu früh, genau wie sein Sohn Roger Cicero, der nur 45 Jahre alt wurde. Es ist traurig, Roger nicht mehr live singen hören zu können; ich bin ein großer Fan seiner Musik und hüte alle seine Platten. Neulich spazierte ich zu seinem Grab und dachte an eine seiner Liedzeilen: «Ich atme ein, ich atme aus, setze ein' Fuß vor den andern ...», und es war irgendwie tröstlich zu wissen, dass die Musik bleibt, auch wenn wir schon gegangen sind.

Mary's Music wurde in 25 Länder verkauft, und ich sah mich einmal selbst in einem Tokioter Hotel damit im Fernsehen. Der Zimmerservice hatte gerade das bestellte Essen gebracht, ich lümmelte im Bademantel auf dem Bett und staunte nicht schlecht, als ich mich plötzlich auf dem Bildschirm sah, in fließendem Japanisch. Die Lieder waren deutschsprachig geblieben, aber die Moderationen japanisch synchronisiert worden – in einer piepsig hohen Tonlage. Sehr lustig. Seitdem ahne ich, wie Horst Tappert sich gefühlt haben muss, der als *Derrick* in Dutzenden Sprachen über die Bildschirme flimmerte.

Da fällt mir ein, dass ich in Japan zufällig meiner Freundin Peggy March in die Arme lief. Wir hatten uns eine Weile nicht gesehen, und dass wir beide zur selben Zeit im Land der Kirschblüten zu tun hatten, war ein Ding! Sie konnte ihren Namen in japanischen Schriftzeichen schreiben, das beeindruckte mich sehr. Es stimmt schon: Die Welt ist klein. In Deutschland sangen Peggy und ich damals in unzähligen Fernsehsendungen Seite an Seite und schwangen das Tanzbein. Wir sind bis zum heutigen Tag eng befreundet. Auch wenn sie inzwischen wieder in Amerika lebt, so kommt sie doch mindestens zwei Mal im Jahr zu mir zu Besuch. Peggy hat immer einen Platz in meinem Herzen und auf meiner Couch Asyl.

In den Siebzigerjahren hatte der Schlager Hochkonjunktur. Er übermalte mit Heile-Welt-Fantasien die Schlagzeilen von Terror, Krieg und Ölkrise. Der Schlager war der Weichzeichner fürs Gemüt, gemacht, um Leichtigkeit und gute Laune in deutsche Wohnzimmer zu tragen. Auch meine Musik wurde ins Genre Schlager einsortiert. Als ich begann, in Frankreich Platten zu veröffentlichen, waren sie im Musikgeschäft unter Chanson zu finden und liefen auch so betitelt im französischen Radio. Ich machte mir über diese Etikettierungen nie Gedanken. Schubladendenken ist nicht meines, und musikalisch fühle ich mich ohnehin in vielen Stilrichtungen zu Hause.

Meine Runden im Schlagerkarussell drehte ich jedenfalls freudig, und durch die Teilnahme an Wettbewerben nahm meine Karriere tüchtig an Fahrt auf. Schon in den Sechzigern war ich beim Songfestival im belgischen Knokke zu Gast gewesen, neben dem Festival in Sanremo und dem *Grand Prix Eurovision de la Chanson* der bedeutendste Wettbewerb zu jener Zeit und eine Art Mannschaftssport, denn man trat im Team gegeneinander an, Land gegen Land. So kam es, dass ich mit René Kollo gegen die Konkurrenz ansang. Vor der Veranstaltung fragte ich ihn, ob er Lust habe, eine Runde spazieren zu gehen.

Er ginge gerne ein paar Schritte, meinte er, allerdings nur schweigend. Seine Stimme müsse geschont werden, weil er am nächsten Tag ein Opern-Engagement hatte. Da nahm ich lieber Abstand. Ich bin Sternzeichen Quasselstrippe und zum Glück vom lieben Gott mit einer Naturstimme beschenkt worden; das macht das Singen, ohne den Mund halten zu müssen, möglich. Schwein gehabt! Das hatte ich auch beim Vorentscheid für den Grand Prix: *Ein Lied für Edinburgh*, der im Fernsehstudio A des Senders Freies Berlin ausgetragen wurde. Die Konkurrenz war hochkarätig. Unter anderem wetteiferten dort Cindy und Bert, Su Kramer, Peter Horton und Inga und Wolf um die Teilnahme beim internationalen Finale. Inga und Wolf sangen ein Lied von Reinhard Mey, das ich sehr mochte. Sie landeten damit leider nur auf den hinteren Rängen, aber «Gute Nacht, Freunde» ist dennoch ein Evergreen geworden.

Dieser Wettbewerb war mein zweiter Vorentscheid. 1970 war ich für die erkrankte Edina Pop eingesprungen und hatte mir mit dem Lied «Bei jedem Kuss» immerhin Platz zwei ersungen. Katja Ebstein gewann damals mit «Wunder gibt es immer wieder» und vertrat Deutschland in Amsterdam.

Zwei Jahre später ging es nun für mich um das Ticket nach Schottland mit «Nur die Liebe lässt uns leben». Die Musik hatte Joachim Heider geschrieben, den Text Joachim Relin. Ich rechnete mir null Chancen aus, denn an diesem Abend wollten die richtigen Töne nicht so, wie ich wollte. Ich war mir sicher – das wird nix.

Also machte ich mich direkt nach meinem Vortrag auf den Weg in die Garderobe, die gefühlte 100 Kilometer von der Bühne entfernt lag, und begann, mich abzuschminken und umzuziehen. Ich packte gerade meine sieben Sachen, als ich hörte, wie man auf dem Flur immer wieder hysterisch meinen Namen rief: «Frau Roos, wo bleiben Sie denn? Sie müssen sofort auf die Bühne!» Ich hatte gewonnen? Sehr knapp, mit nur einer Stimme mehr als Cindy und Bert, aber gewonnen. Unfassbar. Das bedeutete: so schnell wie möglich wieder in die Klamotten, Puder auf die Nase und im Affentempo den elend langen Weg zurück zur Bühne hetzen. Als ich mit hängender Zunge ankam, tippte der Dirigent Paul Kuhn kopfschüttelnd auf seine Armbanduhr, und ich hechtete völlig außer Atem ins Scheinwerferlicht, um den Siegertitel noch einmal anzustimmen, diesmal nach Luft schnappend wie ein Fisch auf dem Trockenen. Die Presse stellte die Entscheidung, mich zum größten europäischen Songcontest zu entsenden, dann auch prompt in Frage. Das konnte ja heiter werden. Ob ich meinen Liedbeitrag unter diesen Vorzeichen souverän in Großbritannien würde präsentieren können, stand in den Sternen. Wie sollte das gehen? Unterricht hatte ich nie gehabt. Alles, was ich gesanglich und auf der Bühne machte, entsprang meinem Naturell. Caterina Valente hatte mir zwar erklärt, dass man die Bühne nicht nach dem ersten Anklatschen verlässt, sondern dem Publikum Gelegenheit gibt, seine Wertschätzung für die Darbietung zu zeigen, aber ich war ein Fluchttier. Wenn ich fertig gesungen hatte, war ich weg.

Marlene Dietrich beherrschte das Bühnen-Einmaleins meisterlich. Ich konnte sie einmal in Baden-Baden darin bewundern; sie hielt sich gekonnt mit einer Hand am roten Samt-Bühnenvorhang fest, verbeugte sich langsam und sehr tief und verharrte so für mehrere Minuten. Die Menschen klatschten sich die Finger wund, bis sie ihr Diven-Haupt wieder hob. Chapeau! Das könnte ich nicht. Ich hätte sofort Kreislauf.

Was ich mir bei Catrin abgeschaut hatte, reichte meiner Plattenfirma nicht. CBS verordnete mir Nachhilfe. Samy Molcho, der israelische Pantomime, Tänzer und Regisseur, sollte mich fit machen für den *Eurovision Songcontest* in Edinburgh. Er war Fachmann für Körpersprache und hatte Bestseller über die Wirkung von Mimik und Gestik geschrieben. Mit seiner Hilfe sollte ich an Bühnenpräsenz und Sicherheit gewinnen. Meine Gesangsauftritte hatte ich von Kindesbeinen an mit einer gewissen, angeborenen Chuzpe absolviert, die schwächelte aber gelegentlich, und privat war ich sowieso extrem schüchtern. Da neigte ich dazu, mein Licht unter den Scheffel zu stellen und von jetzt auf gleich zu erröten. Dass Schaulaufen in diesem Geschäft dazugehört, besonders wenn man größeren Bekanntheitsgrad erlangt hat, begriff ich erst im Laufe der Berufsjahre, fand aber schon immer, dass auch die berühmteste Nachtigall ein Recht auf Privatsphäre hat. Ich erinnere mich an einen Nachmittag mit meiner Mutter und meiner Schwester Tina. Wir ließen uns schaufensterbummelnd durch eine Fußgängerzone treiben, Tina und ich ins Gespräch vertieft, unsere Mutter dicht hinter uns, als wir von Passanten erkannt wurden, die uns ansprachen und um Autogrammkarten baten. Tina und ich sagten wie aus einem Mund: «Wir haben leider keine dabei.» Wir wollten in Ruhe shoppen; da schallte es aus Mutters

Mund: «Ich hab welche!» Die Handtasche unserer Mutter war ein Autogrammkarten-und-Filzstifte-Depot. Sie war unglaublich stolz auf ihre Töchter und zeigte das gerne. Mir waren Erlebnisse dieser Art auf offener Straße eher unangenehm.

Samy Molcho erkannte sofort, wo's klemmte. In einer ersten Körperübung bat er mich, die Arme demonstrativ weit nach oben auszubreiten. Er wollte von mir eine große Geste sehen, so, als wolle ich die ganze Welt umarmen. Ich gab mir alle Mühe, doch meine Arme wollten partout nicht Richtung Zimmerdecke. Sie hingen auf Halbmast. Mit jeder weiteren Übung gewann ich aber mehr und mehr an Selbstvertrauen, und am Ende des Coachings mit Molcho wusste ich, welche Gesten Offenheit zeigen und welche Verschlossenheit und Abwehr. Sitzt du zum Beispiel mit vor der Brust verschränkten Armen in einer Talkshow, signalisierst du damit, nichts von dir preisgeben zu wollen. Übereinandergeschlagene Beine in Richtung deines Gesprächspartners sind jedoch ein Zeichen für Interesse und Zugewandtheit.

Ich profitierte enorm von Samy Molchos Erfahrung, besonders bei meiner ersten Grand-Prix-Teilnahme. Das größte mediale Musikereignis wurde schon damals von rund vierzig Millionen Zuschauern in aller Welt im Fernsehen verfolgt. Für die Proben wurden drei Tage anberaumt; zu der Zeit sang man noch mit Orchesterbegleitung und Chor. Im Wettbewerb wurden zuerst Komponist und Textdichter genannt, dann Interpretin oder Interpret. Danach wurde der Dirigent anmoderiert, der mit Taktstock bewaffnet als Erster von den Kameras erfasst und bis zum

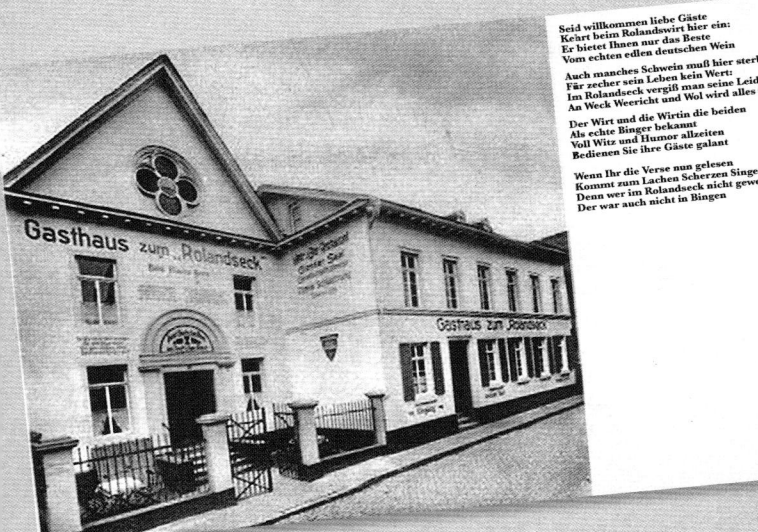

Meine Schwestern Marion und Tina – ich in der Mitte. Mein Bruder wollte nicht mit Mädchen fotografiert werden. Das ändert sich meist später

Seid willkommen liebe Gäste
Kehrt beim Rolandswirt hier ein:
Er bietet Ihnen nur das Beste
Vom echten edlen deutschen Wein

Auch manches Schwein muß hier sterben
Für zecher sein Leben kein Wert:
Im Rolandseck vergißt man seine Leiden
An Weck Weericht und Wol wird alles verzehrt.

Der Wirt und die Wirtin die beiden
Als echte Binger bekannt
Voll Witz und Humor allzeiten
Bedienen Sie ihre Gäste galant

Wenn Ihr die Verse nun gelesen
Kommt zum Lachen Scherzen Singen,
Denn wer im Rolandseck nicht gewesen.
Der war auch nicht in Bingen

Gasthaus zum „Rolandseck"

Gasthaus zum Rolandseck

Das Hotel meiner Eltern

Meine erste Autogrammkarte
wie man sehen kann, habe ich
damals noch gelispelt

ROSEMARIE

1958

polydor

Rex
BLO
BERLIN-WILMERSDORF, LA
REX-FILM, BLOEMER &
BERLIN-WILMERSDORF, LANDHAUS

Frau
Maria Schwab
Bingen a.Rh
Rheinstraße 4

Ihre Zeichen   Ihre Nachricht

Betrifft: Film "Die Stra

Sehr geehrte Fr

Wir nehmen B
rigen Tochter R
von uns als Dar
Ihnen mit, daß
in Höhe von DM
erhalten und de
durch unsere B
a.Rhein auf da
Kürze überwies

Wir empfeh

79 *   Telegramm Deutsche Bundespost
0237 HAMBURG TELEX 32/31 14 1652 =

KARL SCHWAB GASTHAUS
ZUMROLANDSECK RHEINSTR 2/4
BINGENRHEIN =

2111 HMB SAC
Amt Bingen (Rhein)

BESTAETIGEN IHREN PRODUKTIONSTERMIN 19/8 16 UHR STOP
ERWARTEN SIE MIT TOCHTER ROSEMARIE GEGEN MITTAG STOP
DOPPELZIMMER HOTEL BELLEVUE BESTELLT = GRUSS POLYDOR
PRODUKTION SCHMIDT NORDEN +

19/8 16 2/4 +

Meine erste Plattenproduktion in Hamburg

Gage: 1 Schachtel Pralinen.
Da war ich noch preiswert

REX film
TELEFON 87 56 77

Sie/Stl   23.7.1958

tigkeit Ihrer minderjäh-
die bei obgenannten Film
lichtet wurde und teilen
einbarten Pauschalgage
in Form eines Barschecks
ch Abrechnung der Gage
re Bank, Volksbank Bingen
ochter Rosmarie Schwab in

t

licher Hochachtung

ex - Film
Bloemer &

erste Vertrag für
Film «Die Straße»

Rex film
BLOEMER & CO.
BERLIN-WILMERSDORF, LANDHAUSSTRASSE 37 - TELEFON 87 56 77
REX-FILM, BLOEMER & CO.
BERLIN-WILMERSDORF, LANDHAUSSTRASSE 37   und 71 56 97

E i n s c h r e i b e n

Frau
Maria   S c h w a b

Bingen/Rhein
Rheinstr. 2-4

Ihre Zeichen   Ihre Nachricht vom   Unser Zeichen   Tag
Betrifft   IB.   8. August 1958

Film "Die Straße"

Sehr geehrte Frau Schwab,

anliegend überreichen wir Ihnen die Lohnsteuerkarte 1958
für Ihr Frl. Tochter mit der ordnungsgemäßen Eintragung.
Die Zahlung des Nettohonorars von DM 449.85 wird die Deutsche Bank, München, durchführen.

Außerdem erhalten Sie die Angestelltenversicherungskarte
Nr. 1 unausgefüllt zurück, da Ihr Frl. Tochter erst 8 Jahre
zählt und wir dieses erst jetzt erfahren haben.

Mit vorzüglicher Hochachtung

R e x - F i l m
Bloemer & Bülow

lagen

In der Aktuellen Schaubude

Dreharbeiten für «Un enfant dans la ville» in Paris

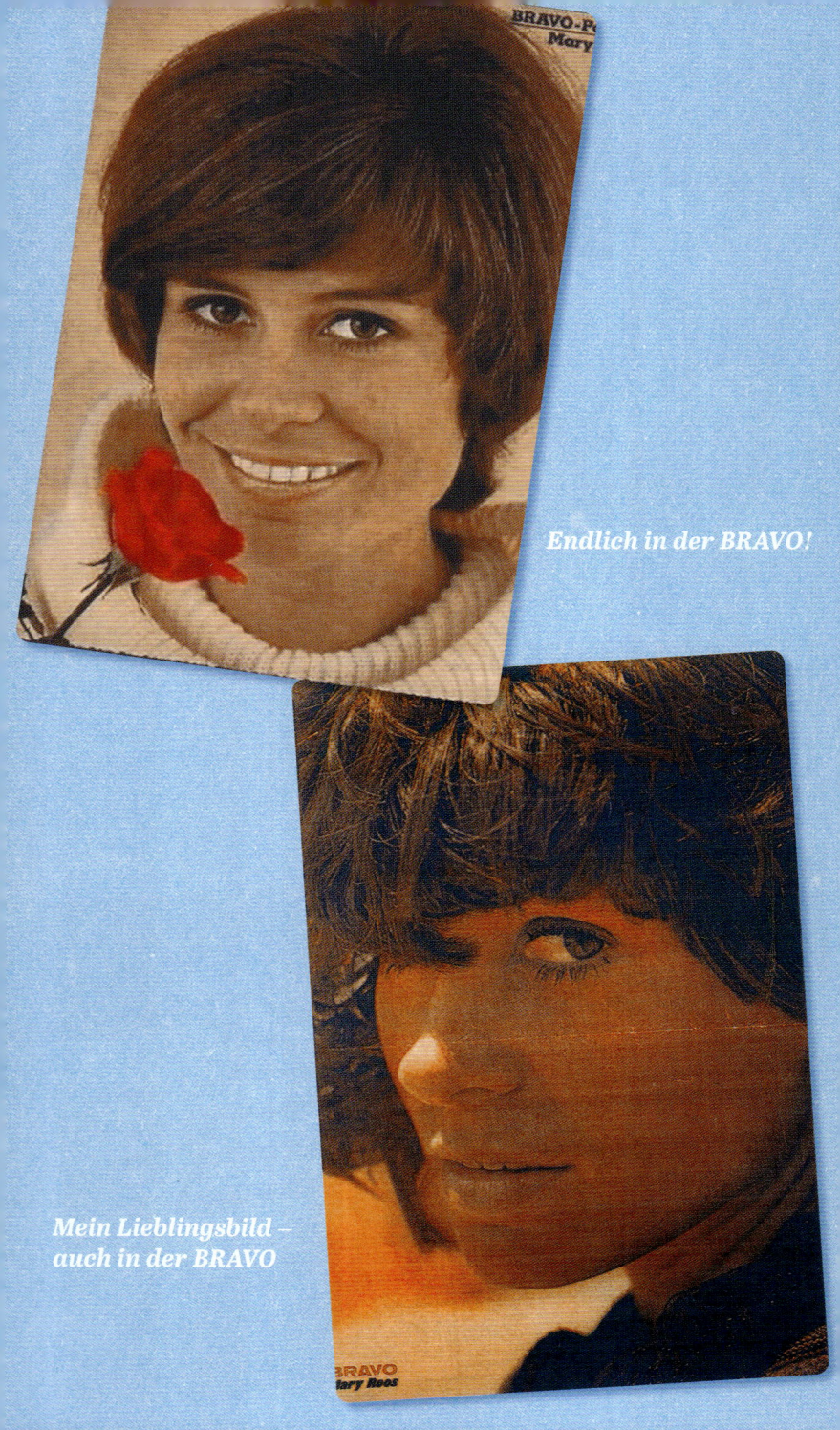

BRAVO-P...
Mary

Endlich in der BRAVO!

*Mein Lieblingsbild –
auch in der BRAVO*

BRAVO
Mary Roos

... und Tina hat immer behauptet, sie sei schlanker als ich gewesen!

In Japan für Unicef mit Sacha Distel

Eine Weihnachts-
sendung der «Peter
Alexander Show» –
mit Conny Froboess
und Paul Kuhn

*«8 x 1 in Noten» mit Silvio Francesco, Vivi Bach, Peter Kraus,
Costa Cordalis, Su Kramer, Roberto Blanco und Peggy March*

*Bei der Hitparade – Roland und ich waren
damals schon Freunde*

*«8 x 1 in Noten» mit
Ireen Sheer, Gitte,
Peter Kraus, Roberto
Blanco, Lena Valaitis,
Peter Rubin und Udo
Jürgens*

Proben für «Die Bert Kaempfert Show» mit Freddy Quinn

Mit meiner Freundin Peggy March

Mit der fantastischen Gitte

Rex Gildo – einer meiner Lieblings-kollegen

11. 2. 76

iebe Mary!
Die arbeit mit dir
war eine bereichung
(oder sagt mann bereichigung?)

Du bist eine grosse
schuspielerin!

Toi... Toi... Toi

Dein Samy

«Showboat» in Münster 1976

Eine Karte von Samy Molcho nach dem Theater-erfolg «Showboat» in Münster 1976

Bei den Trauzeugen musste die Ehe ja in die Hose gehen: Karl Dall und Mike Krüger hinter Tina, meinem Vater und Werners Mutter

Mit Karel Gott — un[d] unten sind die beide[n] wirklichen Super-stars

Dreharbeiten für den Film
«Sonne, Wind und weiße
Segel» mit Michael Schanze
und Daniel Friedrich

«Hätten Sie heut'
Zeit für mich?»
mit Michael
Schanze

Zwei Fotos von Jim Rakete

Die Jahrhundert-Föhnwelle

Der schicksalhafte Auftritt in Luxemburg

Dirigentenpult begleitet wurde. Heute kommt die Musik aus der Dose, und es wird zum Playback gesungen. Schade eigentlich.

In Edinburgh waren alle Teilnehmer im selben Hotel untergebracht; es war vom ersten Tag an eine Partymeile. Jeden Abend veranstalteten wir eine Länder-Party auf dem Hotelflur, und jeder steuerte eine landestypische Spezialität bei. Wir hatten natürlich Brezeln dabei, denn bei Germany denkt jeder sofort ans Oktoberfest – is' klar. Es wurde bis in die Puppen Gitarre gespielt, gesungen und gelacht. Andere Hotelgäste hätten unsere Nachtvorstellungen nicht toleriert, wir wären wegen Ruhestörung des Hauses verwiesen worden, aber hier waren wir die Kings and Queens of the Castle und benahmen uns dementsprechend. Das Hotel war fest in unserer Hand, und unsere Stimmung grandios und ausgelassen bis zur Generalprobe. Da stieg dann doch das Lampenfieber, und die Herzen rutschten uns ein Stück weit in die Hosen, als wir die Reichweite und Bedeutung des Songcontests realisierten. Bei allem Spaß ging's nun dann doch um die Wurst und darum, in drei Minuten alles zu geben. Es nützt dir ja nix, wenn du in Minute vier bravourös hättest singen können. Dann ist der Markt verlaufen, hätte meine Großmutter gesagt, sprich: der Song zu Ende. Du musst also all dein Können in diese drei Minuten legen und damit überzeugen. Jeder von uns wollte natürlich bei der Punktevergabe für sein Land die magischen Worte hören: twelve points, douze points, zwölf Punkte.

Von Samy Molcho hatte ich gelernt, dass ein Auftritt mit dem Betreten der Bühne beginnt und nicht mit dem ersten gesungenen Ton und dass es auf die richtige Haltung ankommt, auch beim Auf- und wieder Abtreten. Das habe ich seitdem verinnerlicht. Die Grundvoraussetzung für gute Unterhaltung ist Haltung.

In Edinburgh hatte ich die Startnummer eins. Nachdem Paul Kuhn im Applaus zum Dirigentenpult gegangen war und «Nur die Liebe lässt uns leben» eingezählt hatte, schwebte ich mit geradem Rücken zum Orchester-Intro des Songs auf das Standmikrofon zu, strahlte mich souverän durch die drei Minuten meines Beitrages, fühlte mich wohl und sexy in meinem schwarz-weißen Abendkleid, und die richtigen Töne kamen spielend leicht über meine Lippen. Ich war bestens gelaunt und warf meine Arme zum Schluss gen Himmel. Heutzutage kann ich mir diese Geste in ärmelloser Robe nicht mehr erlauben. Blicke auf das, was da an den Oberarmen inzwischen noch alles mitwinkt, sind nur noch unter Ausschluss der Öffentlichkeit gestattet.

In Edinburgh ging ich happy von der Bühne, aber ich war mir sicher, dass man mich vergessen haben würde, bis alle anderen Beiträge durch waren. Nach achtzehn Liedern erinnert sich doch kein Mensch mehr an das erste, geschweige denn daran, wer es gesungen hat. Auch nicht, wenn es am Ende noch mal kurz im Schnelldurchlauf zu hören ist. Davon war ich überzeugt und einfach froh, es geschafft zu haben. Also ging ich nach meinem Vortrag kurz vor die Tür, um Luft zu schnappen, wo ein sympathischer, britischer Polizist Wache hielt. Der mondgesichtige Bobby war hocherfreut, mich zu sehen, lobte meinen Song und erzählte mir, dass hochdotierte Wetten auf meine Platzierung in den Top 3 laufen würden. Auch er habe auf mich gesetzt. Ich hätte ihn umarmen können, dachte aber, die spinnen, die Briten, die setzen auf alles, was Beine hat. Hunde, Pferde und mich.

Ich landete schließlich tatsächlich auf Platz 3 – und jetzt waren sich die Kritiker plötzlich einig, dass Mary Roos singen kann. «Nur die Liebe lässt uns leben» hielt sich neun Wochen in den deutschen Charts. Weil der Grand Prix im In- und Ausland ungemein viel Beachtung fand, hatte CBS beschlossen, das Lied auch in englischer

und französischer Sprache auf den Markt zu bringen. Dafür war es ins Berliner Hansa-Studio gegangen, wo die internationale Crème de la Crème aufnahm; alle namhaften Künstler produzierten hier neuerdings ihre Alben. Es lag direkt an der Mauer. Aus dem Studiofenster konnte man über Stacheldraht und Wachttürme nach «drüben» in die DDR sehen. Den besten Sound für die Gesangsaufnahmen bot damals ein kleiner gekachelter Raum. Ich habe das, glaube ich, noch nie jemandem erzählt: Die Gesangsaufnahmen zu «Wake Me Early In The Morning» und «Nous» machte ich auf dem stillen Örtchen. Wenn man so will, im Studio oo.

L'Autoroute

Nur ein paar Tage nach dem *Grand Prix Eurovision de la Chanson* in Edinburgh stand ich mit Pierre in Paris auf dem Boulevard des Capucines vor dem legendären Musiktheater im neunten Arrondissement. In großen, weißen Buchstaben auf rotem Grund prangte der Schriftzug OLYMPIA. Schon ein Jahr zuvor war der Gastspielvertrag mit Konzertveranstalter und Generaldirektor Bruno Coquatrix zustande gekommen; nun würde ich drei Wochen auf diesen berühmten Theaterbrettern stehen dürfen. Kaum zu glauben für ein Mädchen aus Bingen am Rhein. Um zu erklären, wie es dazu kommen konnte, muss ich ein bisschen weiter ausholen.

Dass ich kein Wort Französisch sprach, als ich Pierre heiratete, wusste keiner – auch nicht meine Plattenfirma. Dort dachte man: Wer mit einem Franzosen liiert ist, spricht auch seine Sprache. So kam es, dass eines Tages das Angebot ins Haus flatterte, eine Rolle im französischen Musical *Un enfant dans la ville* von und mit Michel Fugain zu übernehmen. Was nun? Ich liebte alles, was französisch war. Das Essen, die Lebensart, die Männer – und viele meiner Lieder hatte ich bereits auf Französisch aufgenommen. Übrigens auch in vielen anderen Sprachen. Ob Japanisch, Schwedisch oder Holländisch; ich adaptierte das zu Singende immer phonetisch. So machte ich's auch mit den Chansons, und das so überzeugend, dass alle Welt dachte, ich sei dieser Sprache mächtig. War ich aber nicht. Ich tat nur so – und das akzentfrei. Jetzt hatte ich den Salat. Ich sang zwar Französisch, als sei es meine Muttersprache, aber sprechen konnte ich es nicht. Super Voraussetzungen für eine Musical-Hauptrolle in Frankreich. Aber geht nicht gibt's nicht, hörte ich meine Mutter sagen, die zeitlebens rheinische Zuversicht verströmte und der Überzeugung war: Man muss et nur wollen! Und ich wollte es. Also sagte ich frech zu.

Bammel hatte ich dann doch vor dem ersten Treffen mit Michel Fugain und dem Textdichter Pierre Delanoë. Sie wussten ja nicht, dass ich geblufft hatte. Delanoë war der Leib-und-Magen-Autor für Gilbert Bécaud und hatte für ihn unter anderem «Nathalie» geschrieben, textete aber auch für andere Chanson-Größen, für Édith Piaf, Michel Polnareff, Michel Sardou oder Joe Dassin, der mit Delanoës «Les Champs-Élysées» großen Erfolg hatte. Mit Michel Fugain zusammen landete Delanoë einen Hit mit «Je n'aurais pas le temps». Ähnlich wie Sinatras «My Way» wurde dieses Chanson in der englischen Adaption «If I Only Had Time» berühmter als das Original. Die beiden waren also bestens im Geschäft und wussten, was sie taten. Ich legte meine Karten beim Kennenlernen gleich auf den Tisch, sie fielen aus allen Wolken, aber Delanoë sagte sofort: «Kein Problem.» Er schreibe mir die Texte in Lautschrift auf, das habe er schon oft gemacht. Sie wollten *es* also auch.

Ich bekam das Textbuch und lernte meine Parts phonetisch auswendig. Immer mal wieder fragte ich Pierre, ob ich das eine oder andere so richtig aussprach. Die Songs hatte ich schnell intus, aber auch die Dialoge waren zu bewältigen, und die hatten es in sich, allein, was die erforderliche Sprachgeschwindigkeit anbetraf. Ich hatte Angst, zu versagen. Es war von Anfang an geplant gewesen, das Musical zusätzlich zur Albumproduktion in einer Koproduktion von CBS France und der BBC London zu verfilmen. Wenn ich schon durch einen Reifen springe, dann gleich durch einen brennenden.

Dann kam der Tag der Feuertaufe: Ich stand vor dem riesigen Orchester, und wir sangen alles live ein, auch die Duette. Ich hatte natürlich Sorge, dass ich bei Texthängern den ganzen Laden aufhalten würde, aber es passierte nicht.

Die Musiken waren schnell im Kasten, jetzt konnten wir drehen. Der erste Tag: Ich kam ins Studio, aber keiner war da. Was war los? Die anderen trudelten gut eine Stunde später ein, und von da an hieß es: «Die Deutsche kommt, wir müssen pünktlich sein!» Darüber amüsierte sich Pierre wie Bolle. Was soll ich sagen? Am dritten Tag waren tatsächlich alle pünktlich.

Ich hatte nun alle meine Texte im Kopf, wusste aber beim Dreh gar nicht, wann ich wo dran war. Also sagte ich zu Michel: «Wenn irgendwas ist, gib mir bitte mit dem Fuß einen kleinen Tritt, damit ich weiß, wo's lang geht.» Es brauchte dann gar keine Tritte, aber ich hatte ständig das Gefühl, man sehe mir meine Unsicherheit an. Als ich mir das Ergebnis Jahre später auf DVD ansah, wirkte ich absolut souverän. Erstaunlich. Ich war der Meinung, man müsse doch sehen, dass ich schwimme. Aber nein, das Gegenteil war der Fall. Ich weiß nicht, wie ich das gemacht habe.

Während der Dreharbeiten verbrachten wir auch viel Zeit privat miteinander. Michel Fugain lud uns regelmäßig zum Essen in sein Landhaus ein; jedes Mal saß eine andere Freundin mit am Tisch, aber das Essen war immer gut. Im Haus stand ein Klavier, und wenn ein paar Flaschen Rotwein geköpft worden waren, setzte er sich ans Piano und spielte mir seine neuesten Chansons vor. Er war ein äußerst attraktiver Mann und hätte mir gefährlich werden können, wenn ich nicht schon mit Pierre verbandelt gewesen wäre. Mir ist zu Ohren gekommen, dass er der Journalistin Susanne Wachs vom Saarländischen Rundfunk vor ein paar Jahren verriet, dass er mich damals sehr anziehend fand und glatt vernascht hätte, wäre ich nicht verheiratet gewesen.

Wir sahen uns nach dieser Musicalproduktion noch ab und an bei verschiedenen Fernsehsendungen und Konzerten in Frankreich und Deutschland und sangen dann meist «Dépêche-toi» miteinander, eines der Duette aus dem Musical, danach brach der Kontakt aber ab. Erst unglaubliche *fünfzig* Jahre später begegneten wir uns in einer Überraschungssendung wieder, die der MDR anlässlich meines Abschiedes von der Schlagerbühne aufzeichnete. Michel kam, sang und siegte noch immer über die Frauenherzen. Er ist nach wie vor optisch ein Schnittchen, aber inzwischen in sehr festen Händen.

Das ZDF hatte *Un enfant dans la ville* 1971 auf Deutsch adaptiert gesendet. An diesen Titel musste ich denken, als wir uns nach so langer Zeit in Leipzig umarmten: *Zum Teufel mit unsrer Zeit – aber ich liebe sie.*

Ich liebe sie wirklich, sie stieß mir die Tür nach Frankreich und somit auch zum Olympia auf. Der Chef von CBS France hatte Bruno Coquatrix mit dem Musical-Album bestückt, und das gefiel ihm offensichtlich so gut, dass er mich für sein Showprogramm als Vedette américaine verpflichtete. Das bedeutete, mit einem Set von 20 Minuten vor dem Hauptakteur Teil des Abendprogramms zu sein. Michel Delpech war der Star des Abends. Er hatte mit «Pour un flirt avec toi» gerade einen Nummer-1-Hit in Frankreich und Belgien.

Als Pierre und ich nun dastanden und zur Olympia-Leuchtreklame emporblickten, musste er mich zwicken, damit ich realisierte, dass mir das gerade wirklich passierte. Bruno Coquatrix führte uns persönlich in die heiligen Hallen, in deren schweren Samtvorhängen die Nikotinschwaden Tausender Vorstellungen hingen. Wem dieser Samt seit den Fünfzigerjahren schon alles Rückendeckung gegeben hatte! Von Édith Piaf und Jaques Brel über Barbara, Juliette Gréco, Yves Montand, Serge Gainsbourg und und und ... die Liste der Künstler war schon jetzt endlos. Diese Vorhänge hatten alles gesehen und gehört, was Rang und Namen hatte. Wenn die erzählen könnten ...

Zu den Garderoben des Olympia gelangte man an den Mülltonnen vorbei, über den Hinterhof. Kurz versuchte ich, mir vorzustellen, wie all die Stars es geschafft hatten, bei strömendem Regen trockenen Fußes über diesen Hof in die Garderoben zu gelangen. Abenteuerlich. Aber das gehörte zum Charme des Hauses.

Ich bekam die beste, das hieß die größte Garderobe. Hier hatte Édith Piaf während ihrer monatelangen Engagements vor dem Schminkspiegel gesessen. Kaum zu fassen, dass ich jetzt auf demselben klapprigen Holzstuhl meinen Auftritten entgegenfiebern würde.

Ob Sie's glauben oder nicht: Alle Shows im Olympia waren ausverkauft. Mit meinem dritten Platz beim Grand Prix in Edinburgh konnte das nix zu tun haben. Das war doch erst drei Tage her! Ich ging dennoch wie auf Wolken, denn die enorme Wertschätzung, die mir hier in Frankreich entgegengebracht wurde, war mir in Deutschland bislang nicht zuteilgeworden. Dort war mein Album *Woraus meine Lieder sind* pünktlich zur Grand-Prix-Teilnahme erschienen. CBS France zog mit einem französischen Album nach. Es hieß *Mary Roos*. Da es mein französisches Debüt war, machte es aus Marketinggründen Sinn, auch dieses Album nach mir zu benennen. Auf unserem ersten Spaziergang stellten Pierre und ich fest, dass ganz Paris mit meinem Konterfei plakatiert worden war. Zuerst erschrak ich, dann fand ich's toll. Es geschieht ja nicht alle Tage, dass man sich überall an großen Plakatwänden hängen sieht. CBS glaubte offensichtlich an mein Potenzial als Exportschlager. Damals kamen die französischen Interpreten nach Deutschland; Mireille Mathieu, Adamo, France Gall, Gilbert Bécaud und viele andere versuchten ihr Glück auf der anderen Rheinseite. Ich machte es umgekehrt.

Im Olympia sang ich Chansons von dieser ersten Platte. «L'Autoroute», «Amours toujours», «Mélodie en Sol», «N'oublie pas lorsque tu chante» und natürlich die

Mary Roos

CBS

französische Adaption meines Grand-Prix-Titels «Nous».
Die Chansons hatten Charles Level und Georges Costa für
mich geschrieben, und «L'Autoroute» lief schon vor meinem Gastspiel in Paris im französischen Radio. Die Jour-

nalisten hielten es für einen Gag meiner Plattenfirma, zu behaupten, ich sei Deutsche – so akzentfrei singe man nur als waschechte Französin. Vielleicht war ich in einem früheren Leben schon mal Parisienne? Diese wunderbare Sprache war mir von Anfang an vertraut, das Französische fühlte sich leicht an. Da purzelten mir die Worte beim Singen wie von selbst aus dem Mund.

Am Premierenabend saßen die Größen des französischen Chansons im Publikum: Charles Aznavour, Michel Sardou, Joe Dassin und natürlich Fugain. Sie alle waren gekommen und hatten im Vorfeld Glückwunschtelegramme zur Grand-Prix-Bronze-Medaille geschickt. Eine beglückende Geste, die ich mir fortan auch zu eigen machte.

Entgegen meiner lampenfiebrigen Befürchtung, verrissen zu werden, war die französische Presse begeistert. In den Kritiken stand, ich sei bezaubernd. Man lobte meine Stimmfarbe und Persönlichkeit; der *Figaro* schrieb, ich habe das gewisse Etwas, und mein Niveau entspräche ganz eindeutig dem des internationalen Showbusiness, und ich solle unbedingt wiederkommen.

Genauso machte ich's dann: Zweimal die Woche fuhren Pierre und ich nach Frankreich zu Fernsehshows und Interviews. Und von wegen *L'Autoroute* – damals gab's noch keine Autobahn nach Paris. Wir gurkten über die Land- und Bundesstraßen, immerhin in unserem nigelnagelneuen blauen Sportwagen. Der Camaro war gerade der letzte Schrei und sorgte überall, wo wir damit aufkreuzten, für Ohs und Ahs. Dass er auf Pump gekauft war, wusste ja niemand.

Ich habe schon immer gerne Geld verdient; nicht, um

es aus dem Fenster zu werfen, aber wenn ich mir etwas Schönes dafür leisten kann, macht mir das Spaß, und in diesem Flitzer durch die Gegend zu kutschieren war extrem vergnüglich.

Im Musikgeschäft war es gang und gäbe, die Gagen in bar zu erhalten, in kleinen gebrauchten Scheinen. Die Tourneeleiter vereinnahmten die komplette Gage üblicherweise vor dem Konzert, denn es kam immer mal wieder vor, dass sich der Veranstalter nach Showbeginn mit der Abendkasse aus dem Staub machte. Sogar die Rolling Stones erlebten das schon. Seitdem gilt: Nur Bares ist Wahres. Ich mochte das sehr gerne. Cash inne Täsch gibt mir ein beruhigendes Gefühl. So manches Mal saß ich nach einem Konzert in meinem Hotelzimmer auf dem Bett und zählte Scheine. So viel, dass man darin hätte baden können, war es nie, aber es reichte, um es in die Luft zu werfen und auf mich niederregnen zu lassen. Einfach so, aus Spaß an der Freud.

Im Olympia gab es Ehre statt Geld. Die Gage reichte nicht mal für die Reisespesen, aber das war unwichtig. Was zählte, war, hier Fuß zu fassen. Ich bin Bruno Coquatrix so dankbar, dass er mir diese Chance gab. Er war ein reizender, fürs Chanson brennender Mann, der uns nach der umjubelten Premiere gleich für den nächsten Abend zum Essen einlud, und zwar in seine Wohnung direkt über dem Theater, wo seine Frau und er uns köstlich bewirteten. Zwischen den Gängen erzählte er, wie sehr er Caterina Valente schätze und dass sie mich ihm schon ans Herz gelegt habe. Von ihm erfuhr ich auch, dass in Paris die Runde machte, ich sei die uneheliche Tochter von Hildegard Knef.

Wir lachten viel an diesem Abend, wenngleich Pierre des Öfteren dolmetschen musste, wenn die Schlagzahl der Konversation an Tempo zunahm. Inzwischen hatte ich sprachlich gute Fortschritte gemacht, lief aber nach wie vor mit Wörterbuch vor der Nase durch die Stadt der Liebe. Bei Coquatrix aßen wir zum ersten Mal in unserem Leben Erdbeeren mit grünem Pfeffer. Pierre machte gute Miene und aß brav seinen Teller leer, hatte aber noch zwei Tage danach mit den Folgen zu tun. Ich bin ein guter Futterverwerter, so schnell haut mich nix um. Was ich heute allerdings kulinarisch weiträumig umfahre, sind die fetten Schweinefleisch-Pasteten, die ich in Paris immerzu verdrückte. Wir frühstückten nämlich nicht im Hotel, sondern schliefen aus und holten uns dann Pâté Hénaff, Baguette und Café auf die Hand zum Picknicken an der Seine. Das war unser Ritual. Tagsüber hatte ich frei, und so konnten wir die Stadt erkunden und uns durch kleine Gassen, Museen und Restaurants treiben lassen, über den weltgrößten Flohmarkt *Marché aux Puces* schlendern, wo ich entzückende alte Puppen kaufte, und Bateaux Mouches fahren, um uns dann wie alle anderen auf der Seine herumschippernden Touris über das schlechte Essen an Bord zu ärgern, und natürlich gipfelte einer unserer Ausflüge auf dem Eiffelturm. Ich genoss jeden Moment, Paris ist unwiederbringlich mit Pierre verbunden. Sollte es mich jemals wieder zu Schweinefleisch-Pasteten an die Seine ziehen, dann nur in Begleitung von Monsieur Scardin.

Das Olympia wurde von Dienstag bis Sonntag mit Coquatrix' Shows bespielt. Montags wurde pausiert, aber das

Mary Roos   CBS

Haus war buchbar für Gastspiele. Künstler aus aller Herren Länder wollten hier auftreten, auch die deutschen Kollegen, und am liebsten natürlich am Wochenende. Doch nur Reinhard Mey, der sich in Frankreich Frédérik Mey nannte, und ich wurden von Bruno Coquatrix engagiert. Wer nicht Teil seiner Show-Programme war, musste sich mit den Montagen begnügen. Auch Udo Jürgens zum Beispiel.

Udo hatte seine Karriere in die Hände von Medienmanager Hans R. Beierlein gelegt. Eines Abends klopfte es nach dem Konzert an der Piaf-Garderobentür, und Herr Beierlein machte mir seine Aufwartung. Er wolle mich managen, sagte er, könne mir eine Weltkarriere garantieren und habe den Vertrag schon mal mitgebracht. «Sie machen mir Angst», entfuhr es mir, und es stimmte auch. Ich habe schon immer auf mein Bauchgefühl gehört, und hier rief es ganz laut: «Tu's nicht!» Mag sein, dass das ein Fehler war. Womöglich hätte ich durch ihn, wie man so schön sagt, «reich und berühmt» werden können. In seinen Memoiren schrieb er später, dass ich die einzige Künstlerin gewesen sei, die es abgelehnt habe, mit ihm zu arbeiten. Mein Nein muss ihn sehr gewurmt haben.

Ich empfand das Olympia-Gastspiel wie einen Ritterschlag und machte mich von einem Hochgefühl getragen mit Pierre auf den Weg zum Flughafen. Mit der Air France sollte es zurück nach Deutschland gehen. Wir wollten uns beim Chef von CBS France für seine Fürsprache bei Bruno Coquatrix bedanken und hatten meinen französischen Plattenproduzenten Pierre Hebràt gefragt, worüber sich der Plattenboss denn freuen könne. Zigarren seien eine gute Idee, die rauche er gerne, meinte Pierre, und so stiefelte er am Flughafen in den Duty-Free-Shop, um die Lieblingszigarren des Plattenchefs zu kaufen. Pierre kam aus dem Geschäft, hatte mit Karte bezahlt und erst vor der Tür bemerkt, welche Hochkaräter er da in der Tüte hatte. Als ich auf den Beleg schaute, blieb mir kurz die Spucke weg: Zigarren für 1200,00 Franc. Umtausch ausgeschlossen!

Während Ihr lacht

Zu Hause in Deutschland sah man mich jetzt mit anderen Augen. Alle hatten den Grand Prix verfolgt, und die Zeitungen berichteten stolz über den deutschen dritten Platz und mein erfolgreiches Engagement im Pariser Olympia. Schon Hildegard Knef und die Dietrich konnten ein Lied davon singen, dass erst im Ausland geerntete Lorbeeren für Anerkennung sorgen. Jetzt wusste ich auch, wie es klingt. Ich muss zugeben, dass mich dabei ein genüssliches Gefühl von Genugtuung beschlich. Die Leute, die mich vorher zur B-Liga erklärt hatten, lobten mich jetzt über den grünen Klee. Plötzlich stand das Telefon nicht mehr still, und es regnete haufenweise Konzertanfragen und Angebote, in Fernseh- und Rundfunksendungen zu kommen. Daraufhin pendelte ich ständig zwischen Frankreich und Deutschland hin und her.

An meine erste Fernsehsendung in Frankreich erinnere ich mich sehr gut. Ich war zu Gast bei *Midi Trente*. In den Kulissen wartend, hörte ich, wie der Moderator mich ankündigte: «Medames et messieurs, je vous présente Marie Rose», worauf das Studiopublikum in Gelächter ausbrach. Auf meinem Gang in Richtung Kamera sah ich, dass die Leute sich vor Lachen kaum halten konnten.

Was war los? Hatte ich 'ne Laufmasche? Oder einen Kaffeefleck auf dem Kleid? Man lachte und lachte, und ich hielt feste mit meinem Chanson dagegen. Nach der Sendung erfuhr ich: *Marie Rose* ist in Frankreich ein gängiges Entlausungsmittel – beste Voraussetzungen, um hier ein Star zu werden.

Ich dachte noch oft an dieses Erlebnis, wenn ich «N'oublie pas lorsque tu chante» gesungen habe, auch wenn der Songinhalt kein bisschen lustig ist. Im Grunde ist es ein Protestsong und Anti-Kriegslied. In der deutschen Adaption von Miriam Frances heißt das Chanson «Während Ihr lacht».

Ich bin selbst von Haus aus eine Lachwurzn. Wenn ich mal anfange, gibt's kein Halten mehr. Ich kriege richtige Lachanfälle, bin einmal sogar deswegen aus dem Kino geflogen. Ich kann nichts dafür, das ist bei mir genetisch und wie im Schlussverkauf – alles muss raus. Darum amüsierte mich mein guter Name als Läuse-Killerin. Warum die Viecher auf der Hotelmatratze während unserer Hochzeitsreise allerdings nicht gleich Reißaus genommen haben, ist mir schleierhaft. Der Flohzirkus hätte uns eigentlich erspart bleiben müssen.

Beinahe totlachten Pierre und ich uns auch während der Zeit, als ich zweimal die Woche meine Tour de France machte. Wir hatten uns für gut ein halbes Jahr in Saarbrücken eingemietet, denn ich zeichnete mehrere Fernsehsendungen namens *Musikauktion* mit Heinz Erhardt beim SR auf. Wir bewohnten eine hübsche kleine Wohnung in einem Mietshaus und hörten eines Nachts eine Frau ganz fürchterlich schreien. Ich sagte zu Pierre: «Wir müssen

schauen, was da los ist, ob wir einen Arzt rufen müssen ...»
Pierre sah nach, kam zurück und grinste übers ganze Gesicht: «Die Frau braucht keine erste Hilfe. Sie ist gerade bei der Arbeit.»

Es stellte sich heraus, dass wir Tür an Tür mit Damen des leichten Gewerbes wohnten. Von wegen «Die Liebe kommt leis» ... Wenn die Mädels keine Freier zu Gast hatten, trafen wir uns zum Kaffeeklatsch und hatten viel Spaß miteinander. Für mich als junge Frau war es total spannend, mitten im saarländischen Rotlicht-Milieu gelandet zu sein. Hier im Haus war immer was los. Gut, dass ich nicht die 112 gewählt habe.

Regisseur der Fernsehproduktionen beim SR war Truck Branss. Mit ihm arbeitete ich oft und gerne, unter anderem bei *Mary's Music*. Er galt als Förderer von Alexandra, hatte sich einen Namen mit hochwertigen Künstler-TV-

Porträts gemacht und führte auch Regie bei *Dalli Dalli*. In der beliebten Quizshow mit Hans Rosenthal wartete man als Zuschauer immer auf den Moment, an dem Rosenthal das Publikum zum Einstimmen aufforderte und rief: «Sie sind der Meinung, das war SPITZE!» Dabei sprang er aus dem Stand in die Luft. Truck Branss hatte die Idee, diesen Moment im Standbild zu zeigen – und Rosenthal schwebte in der Luft. Legendär. Man kann noch heute Menschen auf der Straße ansprechen und sie bitten, den Satz «Sie sind der Meinung, das war ...» zu beenden, und jedem entfährt sofort ein «SPITZE!».

Hans Rosenthal förderte mich, wann immer er konnte. Ich war oft zu Gast in seinen Sendungen. Einmal fragte er mich, ob ich denn auch kommen würde, wenn ich nur ein Lied singen könne, mehr ließe seine Sendezeit nicht zu. Natürlich wollte ich und freute mich über jede seiner Einladungen; er war das, was man einen feinen Menschen nennt, und ich bin ihm noch heute zutiefst dankbar.

Aber zurück zu Branss – normalerweise kennt man nur die Namen berühmter Kinofilm-Regisseure. Truck Branss wäre keinem Zuschauer bekannt gewesen, wären nicht Dieter Thomas Heck und die *ZDF-Hitparade* gewesen. Am Ende jeder Sendung gab Heck den Schnellsprecher; dazu hatte Branss ihn regelrecht genötigt. Er solle lauter und schneller sprechen, nicht so moderat plaudern, sondern eher marktschreierisch. Dieser Regieanweisung folgend, pfefferte Heck daraufhin alle Namen der an der Sendung beteiligten Mitarbeiter in einem Affenzahn über die Abspannmusik von James Last. Jetzt wusste die Nation, wer an Kameras, Licht, Maske dabei gewesen war und kannte auch den Namen des Regisseurs – vor allem aber den des Tonmannes, der für alle sichtbar im Fernsehstudio saß und neben der Aussteuerung der Mikrofone die Aufgabe hatte, die Halbplaybacks per Tonbandmaschine abzufahren. Nach wenigen Sendungen wusste jeder, wie er heißt, und Hecks schnittiges «Reiner, fahr ab!» bekam Kult-Status.

Die *ZDF-Hitparade* war Truck Branss' und Dieter Thomas Hecks Steckenpferd. Beide waren schlagerbegeistert und etablierten diese Sendung als Institution im deutschen Fernsehen. Ich war von Anfang an dabei. Der Startschuss war 1969 gefallen, und seitdem war die Show nicht mehr aus der Samstagabend-Fernsehunterhaltung wegzudenken. Sie war Pflicht für die ganze Familie. Die Kinder saßen frisch gebadet im Schlafanzug mit niveagecremten Gesichtern bei geschmierten Abendbrotschnittchen und sauren Gürkchen neben Papas, Mamas und Großeltern vor der Flimmerkiste, wenn Dieter Thomas Heck ins Mikrofon rief: «Hier ist Berlin!» Vielleicht wurde diese Live-Sendung so erfolgreich, weil sie zum Mitmachen animierte? Über Postkarten-Einsendungen bestimmten die Zuschauer, wen sie wiedersehen wollten und wen nicht. Damit, dass es so auch zu Betrügereien kommen konnte, rechnete keiner. Findige Plattenfirmen und Fanclubleiter riefen gerne dazu auf, gleich mehrere Postkarten für ihren Lieblingsinterpreten einzusenden. Das war natürlich nicht die feine Art, half aber aufs Treppchen. Peter Orloff wurde nachgesagt, dass es bei seinen Platzierungen nicht mit rechten Dingen zugegangen sein konnte, und man entdeckte schließlich, dass Hunderte von Postkarten mit ein und derselben Handschrift für ihn eingetroffen waren. Er hatte sie selbst geschrieben und ordentlich gebündelt zur Post gebracht. Gute Gründe, um das Abstimmungssystem zu ändern. Heck erklärte fortan in den Sendungen, welche Zahlen Media Control jeweils ermittelt hatte.

Produziert wurde die *ZDF-Hitparade* in Berlin, und alle Mitwirkenden waren im Hotel Schweizer Hof untergebracht. Wir reisten immer schon am Donnerstag an zu den Proben und trafen uns dann jeden Abend in der *Todeszelle*. So nannten wir die Hotelbar, denn hier tranken sich die männlichen Kollegen allabendlich ein und durch. Auch die eine oder andere Kollegin machte vor Hochprozentigem und diversen Piccolöchen nicht halt. Diese Nächte verliefen nach dem Motto: Wir brauchen keinen Alkohol, um lustig zu sein, aber sicher ist sicher.

Ich lache mich schon mit Mineralwasser intus scheckig; Rex Gildo war auch so ein Spaßvogel. Bei unseren TV-Aufzeichnungen für die Sendungen *8x1 in Noten* lachten wir so sehr, dass die Sendung unterbrochen werden musste, bis wir uns wieder einkriegten. Rex war ein sehr sensibler Mann und litt enorm darunter, dass seine Plattenfirma ihm auferlegt hatte, sich hetero zu geben. Ein so gut aussehender Mann sollte von den Mädchen angeschmachtet werden. Das verkaufte Platten. Er schaffte diesen Spagat eines Tages nicht mehr und auch nicht, im Möbelhaus vor der Rolltreppe «Hossa Hossa» zu singen. Sein Freitod bestürzte viele, aber nur kurz – da ist das Musikgeschäft eiskalt. Sobald ein neuer Stern am Schlagerhimmel aufgeht, ist der alte vergessen. Ich bin überzeugt davon, dass wir uns wiedersehen, und weiß schon jetzt, dass Rex und ich hinterm Horizont Tränen lachen werden.

Bei der *ZDF-Hitparade* waren wir eine verschworene Gemeinschaft; es trafen sich immer dieselben Leute ohne Konkurrenzgedanken, und jede Sendung fühlte sich an wie ein Familientreffen. Man wusste über das Team, das praktisch über Jahrzehnte zusammenarbeitete, alles – dass die Frau des Kameramanns gerade ein Kind bekommen hatte und wie's um die Oma der Aufnahmeleiterin stand. Heute kocht jeder sein eigenes Süppchen. Mir schmeckt's aber immer besser in Gesellschaft.

Hecks Hitparade war die deutsche Schlager-Hochburg. Schon damals war das nicht nach jedermanns Geschmack. Es gab erklärte Schlagerhasser, die fanden, dass nur englischsprachige Rockmusik das einzig Wahre sei und Schlagermusik etwas fürs Altersheim. Es belustigte mich deshalb sehr, dass die *ZDF-Hitparade* 1971 mit der Goldenen Kamera ausgezeichnet wurde – in der Kategorie «Beste Sendung für junge Leute».

Dieter Thomas Heck geizte seinerseits nicht mit Preisen. Anfang der Achtzigerjahre begann er, *Die goldene Stimmgabel* in seiner gleichnamigen Fernsehsendung als Auszeichnung für erfolgreiches Musikschaffen an alle möglichen Kollegen zu überreichen. 26 Jahre lang reichte er diesen Preis elegant an mir vorbei, wurde aber nie müde, mir Honig ums Mäulchen zu schmieren, wenn wir uns trafen. Ich vermute, er trug mir meine Ausflüge ins Chanson nach. Wer einmal deutschen Schlager gesungen hatte, sollte gefälligst dabeibleiben. In der Beziehung war ich damals aber widerspenstig, und ich fürchte, das ist mit der Zeit nicht wirklich besser geworden. Nee, wenn ich's recht bedenke, wird es immer schlimmer, je älter ich werde.

Einmal um die Welt

Wer braucht schon 'ne Stimmgabel, wenn er eine Rose haben kann? An der französischen Riviera wurde ich 1972 mit der *Rose d'or d'Antibes* ausgezeichnet. Die Verleihung fand im Rahmen der Musikmesse Midem statt. Wir logierten im besten Hotel von Juan-les-Pins, einem schlossähnlichen Sechs-Sterne-Haus, in dem nur Gäste abstiegen, die Freude daran hatten, sich zehnmal am Tag umzuziehen. Für Frühstück, Strand, Golfen, Tennis, Lunch, Tea time, Dinner. Schaulaufen gehörte in diesen Kreisen dazu, doch damit tat ich mich schon immer schwer. Mag der Teppich noch so rot sein – aus mir wird in diesem Leben kein Teppichluder mehr. Ich hasse es, im Blitzlichtgewitter stehen zu müssen und mich fragen zu lassen, welcher Designer mein Kleid geklöppelt hat. Ist mir doch egal, was auf dem Etikett in meinem Kragen steht. Hauptsache, chic und bequem. Es gibt Kolleginnen, die zwängen sich in Haute-Couture-Fahnen, die so eng geschnitten sind, dass sie beim Versuch, sich hinzusetzen, drohen, aus den Nähten zu platzen. Das sind reine Stehkleider. Nicht mit mir! Wenn ich gezwungen bin, in Abendrobe auf hohen Hacken zu einem Event zu erscheinen, habe ich immer flache Bequem-Treter in der Hinterhand und trage

Kleidung, die Fünf-Gänge-Menüs im Bauchbereich tolerieren.

Das Hotel reichte auf Wunsch den Lunch am Strand. Pierre und ich waren dankbar, diesen Luxus einmal leben zu dürfen, und es machte ungeheuren Spaß, dem Jet-Set-Treiben um uns herum zuzuschauen. Zum Abendessen wurde man in den großen Garten gebeten; die Damen im Abendkleid, die Herren im Smoking. Am ersten Abend tafelten wir also im Grünen und genossen das fantastische Essen. Als ich von meinem Vorspeiseteller aufsah, weil Pierre mich auf den besonders leuchtenden Sternenhimmel hinwies, blieb mein Blick in den hohen Bäumen hängen, und ich stutzte. Die Pinien waren über und über bevölkert von Ratten. Prost Mahlzeit!

Auf dieser weltgrößten Musikmesse in Cannes durfte ich neben internationalen Showgrößen wie Cliff Richard, Olivia Newton-John, Demis Roussos und Manitas de Plata auftreten. Ich erinnere mich, dass ich den ganzen Tag lampenfieberte, denn ich sollte vor Barry White auf die Bühne gehen. Der amerikanische Soulsänger besang das Liebemachen mit seiner extrem tiefen Bassstimme und war groß und breit wie ein Schrank, was ihm den Spitznamen «The Walrus of Love» eingebracht hatte. Er war eine imposante Erscheinung und zelebrierte sein Womanizer-Image im schneeweißen Anzug. Man munkelte, seine Songs würden benutzt, um in englischen Zoos Haie zur Paarung zu animieren. Kinder, Kinder, mit wem ich schon die Bühne teilte ...

Mit Marlon Brando, Peter Ustinov und Sacha Distel reiste ich für Unicef nach Japan. Ich muss gestehen: Bei den Pressekonferenzen neben Brando zu sitzen sorgte bei mir für leichtes Herzklopfen. Da hatte ich aber seinen letzten Tango in Paris noch nicht gesehen. Was Brando da im Kino zeigte, hatte mit meiner Vorstellung von Liebe nichts zu tun. Die heutige MeToo-Bewegung hätte den Regisseur Bernardo Bertolucci wegen der frauenfeindlichen und erniedrigenden Sexszenen öffentlich angeprangert. Damals polarisierte der Streifen heftig und wurde als Skandal-Film betitelt, aber die Kinokassen klingelten Sturm.

Peter Ustinovs Humor und Gesellschaft habe ich sehr genossen. Er war schon lange Unicef-Sonderbotschafter und ein unterhaltsamer Plauderer; man hatte ihn in einem japanischen Hotel untergebracht, in dem er von Damen in Kimonos mit traditionellen Tee-Zeremonien verwöhnt würde. Unzumutbar fand er aber, dass er seine Schuhe habe ausziehen müssen. Ein Mann von Welt geht nicht auf Socken.

Wir trafen uns ein Jahr später wieder zur Unicef-Gala in Paris. Dort stießen wir auf illustre Mitstreiter wie Gina Lollobrigida, Danny Kaye und Barbra Streisand. Sie waren rund um die Uhr von Entourage umringt und lächelten für die Presse gekonnt nach rechts und links. Ob Rom, New York oder Paris, sie wussten, wie man eine Kür läuft. Schon in Japan war mir klar geworden: Im Showgeschäft kommt oft nicht viel bei rum, aber du kommst rum, sogar von Hangenmeilingen nach Osaka. Dennoch hätte ich mir nicht träumen lassen, dass ich durch diesen Beruf quasi «Einmal um die Welt» reisen, geschweige denn, eines Tages im Fernsehen auf einem Sofa in Südafrika sitzen würde, um meine Songs zu tauschen. Aber das ist eine andere Geschichte, da komme ich noch zu.

Das Rumkommen hatte es auch Dieter Thomas Heck angetan. Er setzte alle Hebel in Bewegung, um mit der ZDF-Hitparaden-Familie auf Tournee zu gehen. Regelmäßig machten wir uns auf den Weg zu den Schlagerfans von Turnhalle zu Kinosaal, von Dorfgemeinschaftshaus zu Stadthalle. Dadurch kenne ich nahezu jede Milchkanne hierzulande persönlich. Bis Ende der Siebzigerjahre tingelten wir im Reisebus von Ort zu Ort, mit Cindy & Bert, Chris Roberts, Howard Carpendale, Rex Gildo, Gitte Hænning, Jürgen Marcus, Bernhard Brink, Jürgen Drews und vielen anderen Kollegen. Erst in den Achtzigern stiegen wir um auf Pkws. Gemeinsam in einem Bus unterwegs zu sein kann sehr viel Spaß machen, heißt aber auch, mitgehangen, mitgefangen, was die Abfahrtszeiten anbetrifft. Bist du nicht pünktlich, ist der Bus weg. Das wussten alle. Dennoch hatten wir eine Kandidatin an Bord, die sich damit extrem schwertat – die Blondine, die 'nen Cowboy als Mann wollte, kam immer zu spät. Weckrufe der Hotelrezeptionen wurden ignoriert, Türklopfen überhört, und es hatte auch nichts genützt, ihr einen überdimensional großen Wecker zu schenken. Wer nicht da war, wenn der Bus abfahren sollte, war Gitte. In Dänemark schienen die Uhren anders zu gehen. Täglich warteten wir im Bus auf Gittes Erscheinen und hätten dabei Daliah Lavis Hit in Dauerschleife singen können. Ooooooh, wann kommst du …?

So konnte es nicht weitergehen. Also beschlossen wir, eine Zuspätkommer-Kasse einzurichten. Die Bedingungen waren hart, aber fair: eine Mark pro Minute Verspätung. Geahndet werden sollten auch andere kleine Vergehen, wie in den Hallen vergessene Habseligkeiten oder unbezahlte Erdnüsse aus der Minibar. Vornehmlich aber sollte das Straf-Sparschwein für Pünktlichkeit sorgen und die Barschaft am Ende der Tournee auf den Kopf gehauen werden. Ich kann dieses Inkasso wärmstens empfehlen – wir lebten auf den Tourneen praktisch von Gitte.

Obwohl ich mit einem Franzosen verheiratet war, arbeitete ich immerzu. Mit der französischen Lebensart des «Wir leben nicht, um zu arbeiten, wir arbeiten, um zu leben» hatte ich immer geliebäugelt, aber mein übervoller Kalender sprach eine andere Sprache. Nur einmal dachte ich: Pfeif drauf!, und willigte ein, mit meinem Mann in die Karibik zu verreisen. Die Aussicht auf badewannenwarmes Meerwasser, Sonne und weiße Strände war zu verlockend. Ich schaufelte mir also eine kleine Auszeit frei, und los ging's. Als wir nach fünfzehn Stunden Flug endlich gelandet waren, erreichte mich der Anruf der ZDF-Redaktion. Ich war für die nächste Hitparaden-Sendung wiedergewählt worden. Also stieg ich direkt wieder in den Flieger zurück, um nach der Sendung sofort retour zu fliegen. Letztlich war ich für einmal Karibik mehr in der Luft als am Strand, aber wenn Heck rief, sagte man nicht Nein. Die *ZDF-Hitparade* war eine Institution. Wer in die Sendungen kam und dann auch noch wiedergewählt wurde, konnte sich glücklich schätzen.

Auch in Sachen Fernsehen bin ich enorm viel rumgekommen und drehte eine Sendung nach der anderen, zum Beispiel den vom hessischen Rundfunk produzierten Spielfilm *Hans im Glück*. Er lief mit dem Untertitel *Die Mary Roos Show* 1971 in der ARD und bestand musikalisch aus den vertonten Märchen, die schon auf LP erschienen waren. Das war besonders, genau wie die Drehs für *8x1 in Noten*, die ich unter anderem mit Peter Kraus, Roberto Blanco, Gitte, Udo Jürgens, Peggy March, Ireen Sheer, Peter Rubin und Lena Valaitis aufzeichnen durfte. Das Tolle an diesen Sendungen war das Konzept: Jeder sang mit jedem, aktuelle Hits, Evergreens oder klassische Musical-Melodien, solo, zu zweit, zu dritt, zu viert und schließlich alle gemeinsam im Oktett. Es gab Sketche und Tanzszenen, die mit uns von renommierten Choreografen wie Irene Mann einstudiert wurden, und fantastische Kostüme.

Peter Kraus war Gastgeber und hatte sich dieses Sendungskonzept zusammen mit seinem Vater ausgedacht. Wenn jemand der kleinen Rosemarie gesagt hätte, dass Peter Kraus mal vor der Kamera mit mir turteln, ein Duett singen und vor mir auf die Knie fallen würde, hätte ich ihm den Vogel gezeigt.

Es gab damals nur drei Fernsehprogramme, und in den gängigen Sendungen tummelten wir uns alle – in *Dalli Dalli*, der *Drehscheibe*, *Wünsch dir was*, der *Hit-* und der *Starparade*, *Hits à Gogo*, *Was bin ich*, der *Gilbert Bécaud-Show*, *Musik ist Trumpf*, der *Peter Alexander Show*, dem *Fröhlichen Feierabend* mit Hans-Joachim Kulenkampff, der Fernsehlotterieshow *Ein Platz an der Sonne* und und und … Ich sang nicht nur, sondern moderierte auch eine

Folge von *Musik aus Studio B* und war zu Gast in Ilja Richters *Disco*. Sein «Licht aus – Spot an!» wurde wie Hans Rosenthals «SPITZE!» unvergesslich. Die Sendungen hatten enorme Einschaltquoten; das kann man sich heute gar nicht mehr vorstellen.

Regelmäßig wurde ich auch *Zum Blauen Bock* eingeladen, mit 20 Millionen Zuschauern ein Spitzenreiter in der Fernsehunterhaltung. Gastgeber war der hessisch babbelnde Heinz Schenk, der in der Sendung Äbbelwoi-Bembel verlieh und ein Faible dafür hatte, eigens für die Sendungen zu dichten und zu denken. Seine Werke umfassten gerne sechs bis acht Strophen, die es galt, auswendig zu lernen. Ein schwieriges Unterfangen. Nicht alles, was sich reimt, ist ein Gedicht, und unter fünf Strophen machte Schenk es nicht. Heinz Schenks launige Endlos-Reime wurden von Franz Grothe vertont, der das Orchester während der Sendung auch dirigierte. Als ich einen von Schenks Dauerbrennern im Duett mit Roy Black zum Besten geben sollte, paukten Roy und ich den XXL-Text gemeinsam in der Garderobe, um unfallfrei durch die Sendung zu kommen – aber nach dem Blauen Bock war immer vor dem Blauen Bock. Die nächste Sendung kam bestimmt, und das nächste Gedächtnistraining ließ nicht lange auf sich warten: Heinz nach dem andern.

Weil ich zu jener Zeit mit einem Bein in Frankreich stand, musste ich einmal vom Äppelwoi-Schunkeln direkt ins Café-au-lait-Land reisen – zu Michel Legrand, der dort eine eigene Sendung hatte, in die er mich einlud, um mit ihm sein Chanson «Pour nous» zu singen. Kurz vor der

Sendung sagte er mir, er wolle gerne die Strophen mit mir tauschen. Ich dachte, mich trifft der Schlag. Wie, Strophen tauschen?

Was wir zu singen hatten, war ein recht komplexes Werk, und ich hatte mich auf meine Parts vorbereitet, nicht aber auf die seinen. So etwas kurz vor einer Live-Sendung zu erfahren lässt den Blutdruck auf den Siedepunkt steigen. Ich stürzte in meine Garderobe und versuchte, mir seine Textstellen ins Hirn zu martern – es gelang, aber selten fühlte ich mich bei einem Duett so unwohl. Monsieur kam mir auch während unseres Vortrags körperlich unangenehm nahe, legte mir von hinten den Arm um den Hals, sodass ich kaum noch Luft bekam. Caterina Valente erzählte mir später, dass er so etwas mit ihr auch gemacht habe. Merkwürdig. So ein genialer Komponist, Musiker und Oscar-Preisträger, berühmt für seine grandiosen Werke wie «The Windmills of Your Mind», aber im Miteinander nicht gerade zuvorkommend.

Ich lernte aber viel aus diesem Erlebnis. Seitdem hatte ich immer den ganzen Text eines Duettes im Kopf, sodass ich notfalls auch alles solo hätte singen können. Nichts ist so schlecht, dass es nicht für was gut ist, sagte meine Mutter immer.

Meine kluge Mutter war ein Kaliber für sich. Sie wäre gerne auch einmal um die Welt gereist und träumte davon, die Chinesische Mauer zu sehen. Leider erfüllte sich dieser Traum nicht. Ich versprach ihr aber, dass ich das für sie übernehme, irgendwann. Bis jetzt hat es noch nicht geklappt, aber bis zum Zuckerhut kam ich immerhin schon.

In Rio de Janeiro war ich als französische Sängerin beim populärsten Musikfestival Brasiliens engagiert. Die Großveranstaltung fand im weltgrößten Fußballstadion Maracanã statt, das damals 200000 Zuschauern Platz bot. Neben George Moustaki und Daliah Lavi waren auch Demis Roussos und Leonard Cohen dabei.

Rio war ein gefährliches Pflaster. Wir wurden mit Limousinen unter Polizeischutz zu den Proben und zum Konzert geshuttelt, begleitet von schwer bewaffneten Sicherheitsleuten. Man fürchtete Überfälle von Tupamaros. Die Mitglieder dieser radikalen Stadtguerilla waren für Raubüberfälle und Anschläge berüchtigt; sie rissen Autotüren auf, um Menschen zu entführen und Lösegeld zu erpressen. Wir fuhren deshalb nur mit Höchstgeschwindigkeit durch die Stadt. Bei jedem Ampel-Stopp sprangen die Sicherheitsleute aus dem Wagen und sicherten das Fahrzeug. Danach ging es mit Vollgas und Sirenengeheul weiter. Daliah Lavi war als Israelin besonders gefährdet und musste täglich in ein anderes Hotel wechseln. Angst machte mir das nicht. Vielleicht war es eine Art jugendlicher Leichtsinn, denn ich dachte, bei mir ist eh nix zu holen. Ich ging relativ unbekümmert auf die Bühne, im Repertoire unter anderem mein Chanson «Viva», eine fröhliche Midtempo-Nummer, in der es Mitklatsch-Passagen im Refrain gab. Das war beim Publikum bisher immer sehr gut angekommen. Nicht so in Rio. Ich begann mein Lied zu singen, und in den Strophen wurde beherzt mitgeklatscht, plötzlich im Refrain aber laut gebuht. Wenn 200000 Menschen buhen, verstehst du dein eigenes Wort nicht mehr, die Musik schon gar nicht. Was nun? Als ich den zweiten Vers anstimmte, war wieder Ruhe, fröhliches Mitklatschen, doch beim Refrain erneutes Buhen und Pfeifkonzert. Es stellte sich heraus, dass *Viva* in Brasilien ein bekanntes Waschmittel ist. Das Festival wurde aber von der Konkurrenz ausgerichtet. Was lernen wir daraus? Du kannst mit allen Wassern gewaschen sein – doch auf die richtige Seife kommt es an.

Ein Hund, eine Katze und eine Maus

In den Siebzigern konnte man im deutschen Fernsehen eine Waschmaschine gewinnen. Möglich machte das der holländische Showmaster Rudi Carrell in seiner beliebten Spiele-Show *Am laufenden Band*. Am Ende jeder Sendung mussten sich die Gewinner unter Zeitdruck Gegenstände merken, die auf einem Band an ihnen vorbeiliefen. Je mehr sie sich merken konnten, umso mehr durften sie mit nach Hause nehmen. Da konnte auch mal ein Rasenmäher oder eine Waschmaschine dabei sein. Rudi Carrell hatte meine Schwester Tina und mich zusammen in seine Sendung eingeladen, und wir besangen augenzwinkernd unsere Schwesternschaft. Tina hatte ihre Gesangskarriere 1970 gestartet, und uns war oft angedichtet worden, wir seien Konkurrentinnen. So ein Quatsch! Wir sind Schwestern, die einander lieben und schätzen und immer nur das Beste wünschen. Wenn ich beschloss, zum fünften Mal beim Vorentscheid für den ESC zu singen, hatte ich Tinas Rückendeckung, und als sie entschied, im Dschungelcamp nach Sternen zu tauchen, stand ich hinter ihr. Basta. Immer, wenn man uns in die Eifersuchtsecke rücken wollte, stimmten wir im Geiste Tinas Hit an: «Wir lassen uns das Singen nicht verbieten, das Singen nicht und auch nicht die Fröhlichkeit.»

Nur einmal konkurrierten wir vor der Kamera in der Sendung *Die Montagsmaler*. Diese Schnellratesendung, in der gezeichnete Begriffe erraten werden mussten, wurde zu jener Zeit von Frank Elstner moderiert; Prominente traten in Rateteams gegeneinander an und zeichneten und rieten fiebernd um die Wette. Sobald der erste Strich zu sehen war, wurde wild durcheinandergerufen: «Hund, Katze, Maus …» Das war im Laufe der Sendungen zum geflügelten Wort geworden. Ob das Michael Kunze inspirierte, kann ich nicht sagen – seine deutsche Fassung von Antônio Carlos Jobims Komposition «Águas de Março», die ich in Brasilien kennengelernt hatte und unbedingt singen wollte, ist und bleibt eines meiner Lieblingslieder.

Ein Hund, eine Katze und eine Maus
bewohnten zu dritt ein uraltes Haus
die Katze war Köchin, die Maus kaufte ein
der Hund, der hielt Wache und ließ keinen herein

Ja, es ging ihnen gut und es wär so geblieben
doch wenn's einem zu gut geht, ist man selten
  zufrieden
es dachte der Hund, warum soll ich hier wachen
ich kann mit meiner Zeit etwas Besseres machen

Und er ging zu den andern und sagte zu ihnen
ich will euch nicht länger als Wachhund mehr dienen
drauf sagte die Katze, dann koch ich nicht mehr
und die Maus sprach, ich richte das Haus nicht mehr
  her

Ein Hund, eine Katze und eine Maus
gerieten in Streit, es bebte das Haus
die Katze, die jagte der Maus hinterher
der Hund aber hetzte die Katze noch mehr

und es fiel alles um, es ging alles in Scherben
und allmählich begannen sie hungrig zu werden
durch die Tür zog der Wind, durch das Dach fiel der
  Regen
doch sie waren zu stolz, um Frieden zu geben
Sie fauchten sich an und jagten sich weiter
den Lärm hörte bald schon ein Straßenarbeiter
und mit einem Stock kam er dann in das Haus
und dann trieb er die drei auf die Straße hinaus

Ein Hund, eine Katze und eine Maus
die nahmen sich vor, wir lernen daraus
die Maus geht zum Krämer, die Katze backt Brot
der Hund, der hält Wache, vorbei ist die Not

Ein Hund, eine Katze und eine Maus ... Aus!

Von Michael Kunze stammt auch der deutsche Text zum
Song «Daybreak» von Harry Nilsson. Kunze machte aus
Nilssons Tagesanbruch «Hamburg im Regen», und ich er-
innere mich noch gut an einen Drehtag dazu für den NDR.
Ich ging für die Fernsehkameras spazieren, in der einen
Hand den Regenschirm, in der anderen eine Hundeleine,
an der mich eine riesige Dogge durch Hamburg zerrte. Das
Tier war fast größer als ich, und es schüttete wie aus Ei-

mern. Am Ende waren wir nass bis auf die Knochen, aber man versicherte mir, dass das nachher im Film grandios aussehen würde. Gut, dass man solche Szenen zum Vollplayback dreht; so konnte man nicht hören, dass meine klitschnassen Schuhe bei jedem Schritt quietschten.

Michael Kunze wurde Produzent meines Albums *Lieber John*, für das er auch alle Texte schrieb. Er war ein Text-Hansdampf in allen Gassen und prägte die deutsche Musikszene mit seinen Werken wie kaum ein anderer. Udo Jürgens' «Ehrenwertes Haus», «Ich war noch niemals in New York» und sein «Griechischer Wein» gingen ebenso auf Michaels Konto wie Peter Alexanders «Kleine Kneipe».

Er schrieb den Text zu Jürgen Drews' «Ein Bett im Kornfeld» und für die Münchner Freiheit «Ohne dich schlaf ich heut Nacht nicht ein». Michael Kunzes Hitliste ist endlos. Wenn ich sie hier komplettieren wollte, würde dieses Buch sehr dick um die Taille. Es gab damals keine Interpreten, für die er nicht schrieb. Später wechselte er ins Musical-Genre und textete die Libretti aller bekannten Andrew-Lloyd-Webber-Musicals, zum Beispiel für *Cats* oder *Das Phantom der Oper*. Auch für die deutschen Adaptionen der Musicals *Der König der Löwen* und *Mamma Mia!* zeichnete er verantwortlich. Ich bewunderte seine Kunst, mit Sprache umzugehen. Dass Michael Kunze mir zehn Jahre später einen Titel auf den Leib schreiben würde, der schicksalhaft widerspiegelte, was mir gerade im richtigen Leben passierte, konnte ich damals nicht ahnen. Aber dazu komme ich noch …

Als wir das Album *Lieber John* in München aufnahmen, war Peter Maffay gerade im Studio nebenan, und wir fragten ihn, ob er nicht Lust habe, rüberzukommen, um eine Chorstimme bei einem Titel zu übernehmen. Wenn man genau hinhört, kann man Peter im Chor von «Kaffee und Apfelkuchen» erkennen, einem Lied, das mir nach wie vor sehr am Herzen liegt, weil es mich an das Gefühl erinnert, nach Hause zu kommen. Meine Mutter hatte immer einen Kuchen im Ofen.

Warum «Ein Hund, eine Katze und eine Maus» es nicht auf diese LP schaffte, kann ich nicht sagen. Die Single war kurz vorher erschienen, und mit diesem Lied bin ich quasi zum dritten Mal auf den Hund gekommen – nachdem ich auf meiner Märchenplatte *Die Bremer Stadtmu-*

sikanten besungen hatte und Pierre Akiba mit in die Ehe brachte. Unser Yorkshire-Terrier begleitete mich treu auf vielen Reisen. Am Anfang schien es mir praktisch, einen Taschenhund zu haben. Er passte locker ins Handgepäck. Aber dann wurde er länger und länger, als sei ein Pullman an ihm verloren gegangen. Er war im Grunde eine Stretchlimousine auf Pfoten. Aber der dicke Hund kam erst noch: Eines Tages klingelte das Telefon, und Jim Henson fragte, ob ich einen Part in der *Muppet Show* übernehmen wolle. Klar wollte ich und freute mich schon darauf, nach Amerika zu reisen, aber Henson produzierte seine Puppenshow für Erwachsene inzwischen in England. Auch gut. London war immer eine Reise wert und die Aussicht, dort lecker *Fish and Chips* aus Zeitungspapier zu essen, klasse.

Warum Jim Henson ausgerechnet auf mich kam, ist mir bis heute ein Rätsel. Ich bin erstaunlicherweise die einzige Deutsche, die von Hensons Hund am Piano begleitet wurde. Und dieser Hund war nicht irgendwer. Er hieß *Rowlf* und war bereits ein Star in Amerika, wo er schon in den Sechzigern mit Hundefutterwerbung Fernsehkarriere gemacht hatte. Seine an einen getrimmten Flokati-Teppich erinnernde rostbraune Mähne glich der meinen; wir passten schon mal optisch gut zusammen und unterhielten uns in den Drehpausen sehr angeregt. Ja, ich führte interessante Gespräche mit *Rowlf* und seinen kunstpelzigen Kollegen – über ihre Ehefrauen und darüber, was es heute in der Kantine gab. Wir waren aber nicht etwa Balla Balla. Die Puppenspieler bedienten die *Muppets* mit Stangen und Händen und ließen ihre Figuren auch in den Pausen nicht links liegen. Anderswo wurde durch die Blume gesprochen, hier durch die Puppe.

Zu unserem Erstaunen waren Pierre und ich am Flughafen in London von einer Stretchlimousine abgeholt worden, die doch ein bisschen länger als unser Vierbeiner war – zugegeben. Die Proben liefen gut, und ich genoss es, umgeben von dieser Horde wilder Stofftypen zu sein. Das zottelige *Tier* spielte Schlagzeug, *Floyd Pepper,* der Hippie der Truppe, Bass, und *Rowlf* hämmerte aufs Piano ein. Ich sang «Komm zu mir», einen von Michael Holm auf Deutsch betexteten Song von Bill Withers für die Ausstrahlung in Deutschland und dann noch einmal das englische Original «Lean on me» für die Verwertung in aller Herren Länder.

Die Musiken drehten wir am ersten Tag, und die Aufzeichnung der Dialoge sollte anderntags folgen. Beim Abendessen kam Jim Henson auf mich zu und sagte, er wolle die ganze Szene noch einmal neu schreiben und würde mir die Texte dann ins Hotel schicken. Auweia. Das hieß Nachtschicht. Ich machte dann auch prompt kein Auge zu. Die neuen Dialoge mussten ja irgendwie bis zum Frühstück in meinen Kopf. Sie schafften es schließlich auch dahin, aber am Morgen fühlte ich mich wie durch die Mangel gedreht. Manchmal verschafft einem Übermüdung aber ungeahnte Lockerheit; ich soll absolut selbstsicher und lässig gewirkt haben, als Jim Henson die Puppen mit mir tanzen ließ. Ich schaute mir diese *Muppet-Show*-Folge aber nicht an. Mein tierisches Intermezzo sah ich erst Jahrzehnte später auf der großen Bühnenleinwand meiner Abschiedstournee und war erstaunt darüber, wie entspannt und spielfreudig mein Stelldichein mit *Rowlf* und Co. wirkte.

Erst im Nachhinein wurde mir bewusst, welche Reichweite diese Sendung hatte und dass es eine Art Ritterschlag war, von *Kermit,* dem Frosch, anmoderiert zu werden. *Miss Piggy* war übrigens total verknallt in ihn, konnte aber nie bei ihm landen. Tja, da zeigt sich mal wieder: Du kannst Schwein haben, aber am Ende doch kein Glück. Zumindest nicht in der Liebe.

MARY ROOS

DEUTSCHE GRAMMOPHON
GESELLSCHAFT MBH
Hohe Bleichen 14–16
2000 Hamburg 36

Pierre und ich waren damals im verflixten siebten Jahr angekommen, und es fing leise, aber unüberhörbar an, zwischen uns zu knirschen. Wir stritten nicht etwa. Wir funktionierten prima als Team, aber nicht mehr hundertprozentig als Liebespaar. Ich glaube, dass ich ständig unterwegs war, bekam unserer Ehe nicht. Wenn wir Gelegenheit hatten, gemeinsam zu Terminen zu reisen, kam es oft vor, dass Pierre mit den Worten «Hatten Sie eine gute Anreise, Herr Roos?» an Hotelrezeptionen begrüßt wurde. Ich nahm das mit Humor und erkannte erst viel später, wie befremdlich, um nicht zu sagen kränkend, das für Pierre gewesen sein muss. Es tut mir heute noch leid, dass ich das nicht wahrgenommen habe. Ich dachte damals: Was soll's – in unseren Pässen steht der Name Scardin, und Pierre trug es äußerlich auch mit Fassung, aber es verlangt schon große innere Stärke, im Schatten zu stehen, während die Lebenspartnerin ständig im Rampenlicht ist. Mein zunehmender Bekanntheitsgrad machte die Situation nicht besser. Je mehr Erfolg ich hatte, desto unsichtbarer wurde mein Mann für die Welt um uns herum. Das tat uns nicht gut. Wir drifteten auseinander. Als wir geheiratet hatten, glaubte ich wie alle Verliebten, dass wir ewig zusammen sein würden. Etwas anderes kam nicht in die Tüte. Ich wollte das volle Programm. Bis dass der Tod uns scheidet. So und nicht anders. Aber Lieben heißt loslassen, *und manchmal kann ein Für immer doch nicht ewig sein.*

Ich hatte zu der Zeit ein Engagement im Stadttheater Münster angenommen. Pierre blieb in unserem Haus in Braunfels, ich reiste mit Akiba. Unser Hund war sofort per Du mit allen Theaterleuten. Wir beide waren immer schon gut zwei Stunden vor Vorstellungsbeginn da. Das belustigte die fest angestellten Schauspieler über die Maßen, denn sie kamen stets erst kurz vor knapp. Ich wollte aber so früh wie möglich Theaterluft schnuppern, wollte tiefe Züge davon nehmen, die Atmosphäre hinter den Kulissen spüren und mich einstimmen auf den magischen Moment, wenn der Vorhang sich hebt. Akiba spekulierte derweil auf die Leckerlis und Streicheleinheiten der Kollegen von Kostüm und Maske. Während der Vorstellung lag er dann friedlich in der Garderobe und wartete, bis Frauchen zurückkam. Dass ich voll kostümiert und mit Schillerlocken-Perücke hereinwehte, störte ihn nicht.

Ich liebte es, zwischen Konzerten und Fernsehauftritten regelmäßig auf den Münsteraner Theaterbrettern zu stehen. Mein Kindheitstraum, Theaterin zu werden, ging damit in Erfüllung. Zu verdanken hatte ich das Samy Molcho; er war es, der mich für die Rolle der *Magnolia* im Musical *Showboat* angefragt hatte. Seit dem Coaching für den Grand Prix waren vier Jahre vergangen. Ich freute mich sehr auf unser Wiedersehen, hatte aber auch reichlich Muffensausen vor der neuen Aufgabe. Unter Molchos Regie sollte ich die weibliche Hauptrolle spielen. Wollen hatte ich mich das schon getraut, aber ob ich auch können konnte, war die Frage. Molcho versicherte mir zwar: «Du schaffst das!», aber im Ensemble träfe ich auf Vollprofis, die mit Bühnenreife und Erfahrung glänzen konnten. Mir war klar, dass man mir keinen roten Teppich ausrollen würde. Die Kollegen fragten sich garantiert, warum ausgerechnet die Hauptrolle mit einem Grünschnabel wie mir besetzt worden war. Ich beschloss deshalb, gleich bei der ersten Leseprobe mit der Tür ins Haus zu fallen. Als wir auf der Bühne im Kreis saßen, unsere Textbücher vor der Nase, und nachdem Molcho mich vorgestellt hatte, fasste ich mir ein Herz und gestand der Runde, wie mir zumute war, bat um Unterstützung und Nachsicht und sagte, dass ich ohne die Hilfe der Kollegen nicht durchkäme, weil ich im Theaterbereich nicht erfahren sei. Danach war das Eis gebrochen. Bei dieser ersten Leseprobe wurde schon deutlich, dass ich mehr Stimme geben musste. Ich war viel zu leise. Wie sollte mein Text so über die Rampe kommen? Am Theater kam es darauf an, auch in der hintersten Reihe gehört zu werden. Samy Molcho machte daraufhin ein Rollenspiel mit mir. «Stell dir vor, du hast mir Geld geliehen und möchtest es jetzt zurück. Was sagst du?» Ich antwortete höflich: «Du, Samy, ich hatte dir doch unlängst die fünfzig Mark ...», worauf er mir ins Wort fiel und rief: «Die kriegst du nicht zurück!» Da war sie wieder, die Frage der Haltung.

«Ich muss dir glauben, dass du dein Geld unmissverständlich zurückwillst», sagte er, «so klappt das nicht. Mach's noch mal.» Und ich machte es wieder und wieder und wieder und übte mich darin, meine Stimme zu erheben. Hilfe bekam ich auch von Fritz Hönigschmidt. Er spielte meinen Vater, Captain Andy Hawks. Gleich zu Beginn nahm er mich beiseite und sagte: «Ich werde mit dir üben. Das wird schon!», und in der Tat, ich lernte schnell und fand Gefallen an meinem neuen, lauten Ich. Trotzdem war ich mir sicher, die Presse würde mich in Grund und Boden schreiben.

Das Gegenteil war der Fall. Als uns die Kritiken nach der Premiere erreichten, konnte ich es kaum glauben. Man war von meiner Leistung begeistert. Die *Münstersche Zeitung* titelte «Eine Show von weltstädtischem Zuschnitt» und schrieb über mich: «(...) sie gab an diesem Abend nicht nur ihr Bühnen-Debüt, sondern auch in ihrer Bescheidenheit ein Beispiel, wie sich ein Star in ein städtisches En-

STÄDTISCHE BÜHNEN MÜNSTER

SHOW BOAT

★★★

MIT
MARY ROOS

M. O. SWALLOW, TREASURER.   W. R. MARKLE, MANAGER.

SEATING CAPACITY 1200

MUSICAL VON KERN UND HAMMERSTEIN II.

Inszenierung: Samy Molcho

Musikalische Leitung: Frank Graczol
Bühnenbild: Philipp Blessing
Kostüme: Marianne Frehner
Chöre: Fritz Böllert
Choréographie: Fay Werner

semble einordnen kann, ohne andere an die Wand zu drücken und ohne die eigene Ausstrahlung zu verlieren. (...) Mary Roos bezaubert durch ihre schlichte Natürlichkeit (...) und durch ihre kehlig-warme Stimme, ihre schauspielerische Sicherheit überrascht.» Ich fühlte mich geehrt und spielte meine Rolle in dem Mississippi-Musical rund um den Song «Old Man River» jetzt mit noch größerer Spielfreude und einem bis dahin nicht gekannten Selbstbewusstsein.

Heinz Hellberg war mein Partner in der Rolle des Gaylord Revenal. Wir spielten ein verliebtes Paar, das gegen alle Widerstände heiratet. Für das Ende des ersten Aktes stand im Textbuch:

Magnolia und Gaylord küssen sich

Licht aus – Vorhang – Pause

Heinz Hellberg alias Gaylord küsste in der Premiere nach Regieanweisung. Doch der Kuss wurde von Vorstellung zu Vorstellung länger. Ich wunderte mich – sollte es etwa wie beim Zeilenhonorar hier Kuss-Kohle geben, von wegen: Je länger, desto Gage? Hellberg knutschte und knutschte. Das Licht ging aus, doch er küsste weiter. Die für den Vorhang zuständigen Bühnentechniker machten sich einen Spaß daraus, dieses Schauspiel in die Länge zu ziehen, und ich dachte jeden Abend: Was man nicht alles tut für die Kunst! Wenn es nach den Technik-Jungs gegangen wäre, hätten sie daraus einen Wer-kann-am-längsten-Wettbewerb gemacht. Ich war aber noch nie 'ne Spaßbremse, also küsste ich retour, bis der verdammte Vorhang fiel. Ganz nach der Devise: Und wenn sie nicht gestorben sind, dann küssen sie noch heute.

Amour toujours

Im Stadttheater Münster küsste ich zum ersten Mal fremd, aber nur von Berufs wegen. Privat kam das nicht in Frage. Mein Herz war schon in jungen Jahren ein eigensinniges Ding. Es wollte nur einen König. So war ich erzogen worden, und das war Roos'sches Gesetz. Es sollte aber der Tag kommen, an dem ich mit dem Gesetz in Konflikt geriet – als mir bei der Fernsehsendung *Die aktuelle Schaubude* dieser große Blonde aus dem Norden begegnete. Nicht dass ich mit ihm gleich Mund-zu-Mund-Beatmung geübt hätte, aber es knisterte, als sich unsere Blicke trafen.

Ich teilte mir eine Garderobe mit Dagmar Koller, wir sprachen über Gott, die Welt und die Männer, und sie riet bei der Wahl der Herzkönige vor allem zu den Gutbetuchten, worauf ich antwortete, dass es aufs Geld nicht ankäme, wenn man sich liebte ... Als ich die Garderobentür öffnete, lehnte da dieser 1 Meter 90 große, gut aussehende Hamburger an der Wand und strahlte mich an. Er hieß Werner Böhm, war Musiker, Jazz- und Boogie-Woogie-Pianist und Rentner – seine aktuelle Band hieß *Die Rentnerband*. Keine Ahnung, warum, er war ja gerade mal Mitte dreißig. Einer von denen, die nicht viel auf der Naht hatten, aber Charme bis zum Abwinken. Wir klönten auch nach der Sendung noch lange miteinander; ich mochte seine unkonventionelle Art und seinen Humor auf Anhieb. Zurück in Braunfels, sprach ich gleich mit Pierre. «Ich habe einen Mann kennengelernt. Ich weiß nicht, was es ist, aber da ist was.»

So bin ich – ich muss immer gleich sagen, was Sache ist. Meistens ist mein Mundwerk schneller als der Rest meines Fahrgestells; ich bin dadurch schon in etliche Fettnäpfchen getreten, aber ich weiß auch, wie man Fettflecken wieder rauskriegt. Damals war es mir wichtig, gleich Farbe zu bekennen, auch wenn ich nicht wusste, wohin das führte. Als Werner dann anrief und sagte, er habe im Ablaufplan gesehen, dass wir zusammen in der nächsten *ZDF-Hitparade* seien und ob er mich vom Flughafen abholen dürfe, dachte ich: Warum nicht?

So kam es, dass Werner in seinem völlig zerbeulten, alten Mercedes am Berliner Flughafen Tegel auftauchte, um mich einzusammeln. Im Gegensatz zu Werner war dieses Gefährt extrem verklemmt, und zwar auf der rechten Seite. Man konnte nur über die Fahrertür einsteigen und musste sich irgendwie über den Steuerknüppel auf den Beifahrersitz hieven. Minirock war dafür nicht so optimal; das musste ich mir merken. Während dieser *ZDF-Hitparade* wich Werner mir nicht von der Seite, und es war spürbar, dass eine Art magnetische Anziehungskraft zwischen uns herrschte. Das bekamen natürlich auch seine Bandkollegen und die anderen Interpreten mit. Zurück zu Hause war mir klar, dass ich Pierre offenbaren musste, dass da mehr war als nur ein Eventuell.

Unser Magnetismus war auch von der Presse nicht unbemerkt geblieben. Eines Tages rief die *BILD* bei uns an.

Sie würden am Montag über unser Ehe-Aus berichten, ob ich das kommentieren wolle? Ich war geschockt und wollte nur noch weg. Kein Kommentar! Pierre verstand, dass ich unter diesen Umständen nicht bleiben konnte. Inzwischen wusste ich, dass auch sein Herz für eine andere schlug. Es war für uns beide das Beste, wenn ich erst einmal in Deckung ging. Noch in derselben Nacht fuhr ich Hals über Kopf nach Hamburg und buchte mich dort in einer kleinen Pension an der Alster ein. Hier wollte ich warten, bis das Gewitter sich verzogen hatte, und mir klar darüber werden, was ich wollte und wie es nun weitergehen sollte.

Pierre und ich trennten uns dann im Guten; im «gegenseitigen Einvernehmen», wie es so schön heißt. Unsere Scheidung legten wir in die Hände von Rechtsanwalt Dr. Meyer-Wölden, und Pierre blieb vorerst mein Manager. Ich bin sehr froh darüber, dass wir noch heute freundschaftlich verbunden sind. Dieses Buch wäre ohne Pierres Zutun gar nicht möglich gewesen; er ist ein Langzeitgedächtnis auf Beinen. Während ich in allen Erinnerungsschubladen meines Oberstübchens kramen muss, hat er immer noch auf'm Zettel, wann wir in den Siebzigern wo mit wem zugange waren. Chapeau und merci, lieber Pierre!

Nach meiner Flucht nach Hamburg klingelte das Telefon in der Pension nun immer öfter, und Werner und ich redeten, bis die Drähte glühten. Wir gingen spazieren, machten Ausflüge mit seiner Rostlaube oder verabredeten uns zum Kaffeetrinken. Werner Böhm war so anders als alle anderen, die ich vorher kennengelernt hatte. Er war chaotisch, ein Luftikus und Draufgänger, einer, der in den Tag hineinlebte, während ich immer einen Plan hatte. Mit ihm zusammen zu sein, bedeutete Abenteuer pur. Er war ein Überraschungsei. Man wusste nie, was man kriegte, und ich liebte Überraschungen. Dass es auch böse geben würde, ahnte ich damals noch nicht. Dieser Mann zog mich einfach an. Wir trafen uns nun täglich, und aus Magnetismus wurde Liebe. Als er mich fragte, ob ich zu ihm ziehen wolle, zögerte ich keine Sekunde. Werner lebte in einer Wohngemeinschaft in Eimsbüttel. Als ich einzog, musste ich feststellen, dass es in der Wohnung keine Küche gab, lediglich eine Kaffeemaschine, die altersschwach vor sich hin röchelte. Das ging gar nicht. Ich beschloss, eine Küche zu kaufen. Kurz nachdem sie installiert war, zogen wir aus. Ich kann sehr gut mit Menschen, aber ich tauge nicht dazu, eine Nummer ziehen zu müssen, bevor ich morgens ins Bad kann.

Unmittelbar vor unserem Auszug passierte aber noch etwas Unglaubliches: Ich mag es schön und gemütlich, deshalb hatte ich mir für unser WG-Zimmer einige Möbel aus Braunfels kommen lassen, auch Fernseher, Plattenspieler und Küchengeräte. Eines Tages klingelte es; ein Mann stand vor der Tür, der Werner sprechen wollte, der aber gerade nicht zu Hause war. Ich solle ihm bitte ausrichten, dass Herbert da gewesen sei. Am Abend erzählte ich Werner von Herberts Besuch und fragte, wer das denn sei. «Ein Freund», war seine knappe Antwort. An die norddeutsche Wortkargheit musste ich mich erst noch gewöhnen. Am nächsten Morgen verabschiedeten wir uns; ich hatte ein

Konzert auswärts und würde erst am nächsten Tag wieder nach Hamburg zurückkommen. Wider Erwarten fand sich nach dem Konzert dann doch eine Mitfahrgelegenheit nach Hause, die ich freudig ergriff. Als dann, mitten in der Nacht, die Tür unserer WG hinter mir ins Schloss fiel, erschrak ich fast zu Tode. All unsere Sachen waren weg. Die Wohnung war praktisch leer. Man hatte bei uns eingebrochen, anders konnte ich mir das nicht zu erklären.

Es stellte sich heraus, dass besagter Freund Herbert für die gähnende Leere verantwortlich gewesen war. Er war Gerichtsvollzieher. Werner und er kannten sich schon lange, und Herbert stattete Werner regelmäßig Besuche ab. Im Grunde hatte alles, was Werner besaß, schon mindestens einmal Kuckuck geschrien, aber Werner juckte das wenig. Er versicherte mir, dass in den nächsten Tagen alles wieder an Ort und Stelle stünde, und so war es auch. Als ich zwei Tage später nach Hause kam, waren alle meine Sachen wieder da. Wie Werner das gemacht hatte, war mir schleierhaft. Als er dann Anfang der Achtziger um meine Hand anhielt, vereinbarte ich als ersten Streich Gütertrennung.

Als wir ein Paar geworden waren, wurde ich von allen Seiten angesprochen, was ich mit Werner gemacht hätte. Er trinke nicht mehr und sei nun immer pünktlich. Ich hatte aber nichts gemacht – ich war wie immer. Vermutlich wollte Werner mir damals imponieren, vielleicht auch ein anderes Leben mit mir leben? Dass er Alkoholprobleme hatte, wusste ich nicht, als wir uns kennenlernten. Er konnte eine ganze Zeit gut ohne, aber es dauerte nicht lange, da wurde *Lady Whisky* wieder seine beste Freundin.

Udo Lindenberg hatte diese Umschreibung des hochprozentigen Seelentrösters für seine deutsche Adaption von «The Windmills of Your Mind» gewählt. Mitte der Siebziger hatten er und Werner miteinander in Werners Quintett gespielt, Udo am Schlagzeug, Werner an Piano und Vibrafon. Damals gaben sie sich auf dem Hamburger Kiez in den angesagten Clubs wie dem Logo und Onkel Pö die Klinke in die Hand und hingen mehr als einmal *unterm Säufermond.*

In seiner Autobiografie schrieb Werner später: «In bestimmten Phasen hat mich der Alkohol ruiniert. Aber ohne wäre mein Leben auf jeden Fall langweiliger gewesen.»

So viel ist sicher: Langweilig wurde es nie mit Werner. Die Zeit, die ich mit ihm verbrachte, glich einer turbulenten Achterbahnfahrt. Manchmal frage ich mich, warum ich nicht früher ausstieg, aber ich wusste lange nicht, wo die Notbremse ist.

Werner war durch seine Engagements als Pianist auf der Reeperbahn bekannt und beliebt, vor allem bei den Frauen. Einer jungen Dame vom leichten Gewerbe hatte er es besonders angetan. Sie war so begeistert, als sie von unserer Verbindung erfuhr, dass sie drohte, mir Salzsäure ins Gesicht zu schütten. Eines Tages tauchte ein Mann bei uns auf, der sich als *STERN*-Reporter ausgab und Werner interviewen wollte, weil besagte junge Prostituierte ermordet aufgefunden worden war. Die letzte Person, die sie vor ihrem Tod getroffen hatte, war Werner gewesen. Hätten nicht zeitgleich palästinensische Terroristen die Lufthansa-Maschine *Landshut* entführt, die dann in Mogadischu gestürmt wurde, hätte der STERN mit diesem Werner-Krimi getitelt. Es kam aber nicht einmal zu einem Verfahren. Werner war unschuldig, und die Story blieb unveröffentlicht.

1977 und '78 arbeitete ich für die Alben *Ich bin Mary* und *Maryland* wieder mit Michael Holm zusammen. Unter anderem nahm ich ein Lied mit dem Titel «Ich bin ein Spielzeug deiner Launen» auf. Das traf, ohne dass ich bewusst einen Bezug zu Werner und mir herstellte, als ich es sang, ziemlich ins Schwarze. Wenn Werner zum Beispiel abends von der Autobahn aus anrief und sagte: «Setz schon mal Teewasser auf, ich bin gegen zwei zu Hause», dann kam er auch um zwei – aber erst am nächsten Tag. Werner hatte immer alle Bälle in der Luft. Er war ein Spielertyp, der alles auf Sieg setzte, und war zum Beispiel auch felsenfest davon überzeugt, dass er mir unser neues Heim in Hamburg geschenkt habe. Bezahlt und beurkundet hatte ich es.

Kurz nachdem wir in dieses Häuschen zwischen Bramfeld und Wellingsbüttel gezogen waren, bekam ich das Angebot, den Titelsong zu einer Zeichentrickserie für Kinder zu singen. Ich hätte nie gedacht, dass dieses Lied über das «kleine, freche Püppchen» *Pinocchio* mich noch jahrzehntelang begleiten würde. Dadurch war ich fortan musikalisch in allen Kinderzimmern zu Gast. Ich liebte Kinder und hoffte, dass sich mein Wunsch, Mutter zu werden, erfüllen würde. Pierre und ich hatten schon tüchtig trainiert, aber es hatte nicht sein sollen. Mir war klar, dass ich am Ende zwei Kindsköpfe zu Hause haben würde, sollte es mit Werner klappen, aber das schreckte mich nicht ab, und wir hatten ja Zeit. Ich war erst neunundzwanzig, und meine Mutter hatte mich mit achtunddreißig zur Welt gebracht. Da war also noch Luft nach oben.

Meine Eltern lebten inzwischen in Braunfels, und meine Mutter war schwer an Krebs erkrankt. Zunächst sah es so aus, als würde sie sich wieder erholen, aber dann ging es ihr zunehmend schlechter. Ich besuchte sie, wann immer ich konnte, hatte aber permanent berufliche Verpflichtungen, die mich in Beschlag nahmen. Eine neue Show im ZDF namens *Maryland* und die Mitwirkung in dem Musikfilm *Sonne, Wind und weiße Segel* mit Michael Schanze, der in Griechenland gedreht werden sollte. Ich hatte meine Mutter gefragt, ob es nicht besser sei, das Angebot abzulehnen, um bei ihr sein zu können. Das wollte sie aber partout nicht. Sie bestand darauf, dass ich mein Ding machte. The show must go on! Ich war hin- und hergerissen zwischen Angst und schlechtem Gewissen. Einerseits wollte ich meine Mutter nicht im Stich und andererseits die am Film beteiligten Kollegen nicht hängen lassen. Ich wusste, dass jeder Tag, an dem geplante Drehs nicht realisiert werden können, irre Kosten verursacht. Schließlich konnte ich mich nur losreißen, weil meine Geschwister vor Ort bei unserer Mutter blieben, und flog schweren Herzens nach Griechenland.

Wir drehten eine Woche lang von morgens bis abends. Für den nächsten Tag stand die Schlussszene auf dem Drehplan, inszeniert als ausgelassene Party, bei der in großer Runde getafelt werden sollte. Als der Regisseur «Action» rief, probten wir die Szene, ich stand aber innerlich völlig neben mir. In Gedanken war ich bei meiner Mutter und wollte direkt nach Abschluss der Dreharbeiten wieder zu ihr. In einer Pause wählte ich die Braunfelser Nummer und bekam meine Mutter an die Strippe. Es war das letzte Mal, dass wir miteinander sprachen. Meine Geschwister erzählten mir später, unsere Mutter habe nur auf meinen Anruf gewartet, danach sei sie eingeschlafen.

Nun ließ ich den Dreh doch platzen. Jetzt noch fröhlich singend auf den Tischen tanzen? Unmöglich. Werner hatte mich nach Griechenland begleitet und versuchte, Flüge für uns zu buchen. Vergeblich. Es blieb nur eine Möglichkeit: Wir charterten einen Helikopter, um nach Frankfurt zu fliegen, unterwegs kauften wir schwarze Kleidung, und dann ging es zur Beerdigung. Von dort flog ich wieder zurück nach Griechenland, um den Film abzuschließen. Auch wenn ich wusste, dass meine Mutter es genau so gewollt hätte, fühlte ich mich elend, traurig und verlassen, und ein Satz kreise immerzu in meinem Kopf, ein Satz aus dem Mund meiner Mutter: «Man kann sich das Leben nicht aussuchen, man muss es bewältigen.» Ich war dreißig Jahre alt und die älteste von uns vier Geschwistern, aber man ist nie alt genug für eine Todesnachricht wie diese. Egal, wie alt du bist, du bleibst doch immer Kind, und Kinder brauchen ihre Mutter.

Werners leichtfüßige Art tat mir jetzt besonders gut. Ich war froh, dass er da war. Seit Neuestem hatte ich nicht nur Werner an meiner Seite, sondern mit ihm auch einen Typen mit schwarz-weiß kariertem Sakko, Hosen, die Wasser zogen, Hornbrille, Aktentasche und pomadegescheitelten Haaren: *Gottlieb Wendehals*. Gottliebs Outfit hatten wir miteinander bei Hamburgs größtem Kostümausstatter ausgesucht. Wenn mein Freund in diesem Aufzug zur Arbeit ging, hatte er immer ein Gummihuhn unterm Arm. Seine Jazz-Kollegen fremdelten mit Werners neuem Alter Ego, aber er hatte unglaublichen Erfolg als Stimmungskanone mit seiner *Polonaise Blankenese*. Der Titel landete auf Platz 1 der deutschen Charts und spülte endlich Geld in seine Kassen. Aber wie gewonnen, so zerronnen; hatte Werner im Festzelt einen umjubelten Auftritt als Gottlieb Wendehals, lud er im Überschwang das gesamte Publikum auf eine Runde ein, und weg war die Gage. Werner konnte nicht mit Geld umgehen. Was reinkam, flatterte direkt wieder raus. Er lebte immer auf der Überholspur. Einmal saßen wir gerade beim Mittagessen, als er einen Anruf erhielt. Als ich die Teller abgeräumt und den Nachtisch aus der Küche geholt hatte, rief er: «Schatz, ich schenk dir ein Haus auf Ibiza!»

Ich dachte, ich höre nicht richtig. Werner hatte mal eben zwischen den Gängen telefonisch ein Haus auf den Balearen gekauft. Dass er weder wusste, wo es lag, noch, wie es aussah, war kein Thema für ihn. Hauptsache Ferienhaus am Meer.

Als er fand, sein Ibiza-Schnäppchen brauche ein weiteres Stockwerk und eine Dachterrasse, war das sicher eine tolle Idee. Mit Baugenehmigung wäre sie noch toller gewesen, dann hätte er nicht alles wieder abreißen und zurückbauen müssen. Mit Werner waren die Katastrophen vorprogrammiert. Ich gab ihm trotzdem 1982 das Ja-Wort, und zwar zum Jahreswechsel. Ein Mann wie Werner Böhm heiratete nämlich nicht an einem x-beliebigen Wochentag, nein: Silvester musste es sein. Ich gab die Lady in Red in meinem tomatenroten Kostüm, und Werner trug Smoking mit schwarzer Fliege, genau wie die Herren Trauzeugen. Als Werner mir seine Wunsch-Kandidaten nannte, musste ich lachen: Karl Dall und Mike Krüger bezeugten unseren Bund fürs Leben. Eigentlich hätte ich da schon wissen müssen, dass diese Ehe in die Hose gehen würde.

Neues Spiel

In der Ehe mit Werner Böhm hatte die Leidenschaft die Hosen an. Bei uns war immer was los, denn Tohuwabohu war Werners zweiter Vorname, und dem machte er alle Ehre. Ungeniert, blondiert und pomadiert.

Was für Gottlieb Wendehals die Pomade, war für mich die Föhnwelle, in den Achtzigern die absolute Trendfrisur. Farrah Fawcett hatte sie in der US-amerikanischen Serie *Drei Engel für Charley* berühmt gemacht, und seitdem föhnte sich Frau zu Hause vorm Allibert den Wolf. Der Badspiegelschrank machte es möglich, das Föhnkunstwerk von allen Seiten zu betrachten, allerdings erforderte die Rundbürsten-Föhnerei enorme Armarbeit. Die Damenwelt stürmte deshalb wöchentlich die Friseurgeschäfte zum «Waschen und Föhnen». Auch Lena Valaitis und ich trugen Föhnwelle. Bei unseren Friseurbesuchen verrieten uns die Coiffeure, dass Kundinnen ihnen ständig Fotos von uns zeigten, die sie aus Illustrierten rausgerissen hatten, und sagten, genauso wollten sie aussehen. Dass die Föhnwelle nicht für jederfraus Haare gemacht war, interessierte die Föhnwilligen nicht.

Auf den Tourneen legten wir Ladys selbst Hand an Frisur und Schminke. Ich bin ratzfatz fertig, auch bei Fernsehsendungen. Bis eine Maskenbildnerin piep gesagt hat, bin ich geschminkt. Diese Fähigkeit ist vor allem dann hilfreich, wenn man auf Tournee ist und in Turnhallen auftritt; in Sammelumkleiden und tanzsaalgroßen Duschräumen im Kellergeschoss sind die wenigen Steckdosen und Spiegel heiß umkämpft und die Lichtverhältnisse so bescheiden, dass das Schminken auch mal ins Auge gehen kann. Auf den Hitparaden-Tourneen mit Dieter Thomas Heck schafften wir es dennoch, recht passabel auszusehen.

Werner und ich hatten mit Cindy und Bert eine Fahrgemeinschaft gebildet, und unser Quartett hatte es in sich. Uns saß der Schalk im Nacken, und es verging kein Tag, an dem wir uns nicht mindestens einen kleinen Streich für unseren zungenbrecherfesten Moderator ausdachten. Im Laufe der Hitparaden-Tourneen entwickelten wir geradezu kriminelle Energie, um ihn zu verladen, und mutierten zu echten Heck-Gespenstern.

Unsere ersten Streiche waren noch harmlos: Cindy und ich bliesen eines Abends rund 60 Luftballons in unserem Hotelzimmer auf, bis wir Kopfschmerzen hatten. Die Luftballons befestigten wir dann mitten in der Nacht an Hecks Auto, dazu ein Schild, auf dem stand: *Heute 12 Uhr Autogrammstunde mit Dieter Thomas Heck.*

Am nächsten Morgen konnte Heck es nicht fassen. Man sah vor Ballons den Wagen nicht, und es hatte sich bereits eine Menschentraube um sein Auto gebildet. Eine zügige Abreise war so leider unmöglich, wir waren untröstlich und lachten uns scheckig. Nach dieser gelungenen Missetat legten wir nach. Heck und seine Frau Hilde ließen sich auf diesen Tourneen chauffieren. Sobald die Hecks am Auftrittsort angekommen waren, wiesen sie den Fahrer an, den Wagen bis nach Konzertende umzuparken, denn vor der Halle konnte er nicht stehen bleiben. Dieses Ritual wiederholte sich täglich – gefundenes Fressen für uns. Bert war es gelungen, Hecks Autoschlüssel heimlich zu entwenden und davon einen Zweitschlüssel anfertigen zu lassen. Das eröffnete uns einzigartige Möglichkeiten. Nachdem der Show-Startschuss gefallen war, schlichen sich Bert oder Werner raus und parkten das Auto um. Als Heck nach Konzertende auf sein Auto wartete, musste der Chauffeur achselzuckend eingestehen, dass er den Wagen nicht wiederfinden könne. Mit ansehen zu dürfen, wie Heck sich in Rage redete, amüsierte uns köstlich. Täglich parkten wir nun um, schrieben dazu noch Drohbriefe: «Heute Abend bist du dran!», unterzeichneten mit *Herman Brödel*, einem fiktiven Namen, der sich aus unseren zusammensetzte, und trieben das Spiel so weit, bis Heck die Polizei rief. Beinahe wurden wir erwischt – das wurde langsam gefährlich. Wir mussten uns was Neues einfallen lassen. Also besorgten wir Holzbretter in einem Baumarkt und verkleideten Hecks Wagen während einer laufenden Show. Das Versteckspiel konnte beginnen. Als Heck den Fahrer bat, den Wagen vorzufahren, war er schon wieder unauffindbar. Heck war außer sich. Das konnte doch nicht wahr sein! Die Bretter hatten uns 300 Mark gekostet, aber der Spaß war es uns wert.

Bevor Sie mich jetzt für ein gänzlich hinterlistiges Luder halten, möchte ich hier an Eidesstatt versichern, wie sehr ich Dieter Thomas Heck geschätzt habe. Er kämpfte für uns Schlagerinterpreten wie kein anderer. Wenn Dieter Bohlen der Poptitan ist, dann war Heck der Schlager-papst. Ich habe ihm viel zu verdanken. Trotzdem berei-teten mir die Streiche, die wir ihm spielten, diebisches Vergnügen. Wahrscheinlich war die Tendenz zum nicht ganz Legalen von meiner Mutter auf mich übergegangen, anders kann ich mir meine Untaten von damals gar nicht erklären. Werners Einfluss auf mich konnte das nicht ge-schuldet sein, und wenn doch, dann fiel mir das nicht auf, verknallt, wie ich war.

Objekt unserer Streiche war aber nicht nur Dieter Tho-mas Heck. Cindy und mir war aufgefallen, dass unser Kol-lege Bernhard Brink auf den Tourneen nichts anbrennen ließ. Auffällig oft nahm er eine Tagesabschnittsgefährtin mit auf sein Hotelzimmer. Dieser Angewohnheit wollten wir uns besonders hingebungsvoll widmen.

Die Hotels, in denen wir abstiegen, waren immer bela-gert von Fans, die stundenlang in der Lobby rumhingen, in Erwartung, ihren Lieblingsstar zu treffen, Fotos mit ihm zu machen und Autogramme zu ergattern. Eine von ih-nen war Rosita, eine fröhliche, füllige Mittdreißigerin, die Cindy und ich spontan ansprachen und fragten, ob sie Lust habe, mit uns Bernhard Brink zu veräppeln. Was wir uns ausgedacht hatten, war herausfordernd, aber Rosita war sofort Feuer und Flamme. Für die Realisierung unseres teuflischen Plans mussten wir uns Zutritt zu Bernhards Zimmer verschaffen, also sprach ich den freundlichen Herrn an der Rezeption an: «Ich brauche mal eben den Hotelzimmerschlüssel vom Kollegen Brink.» Ich erklärte, dass ich meine Noten für das Konzert morgen bei ihm hätte liegen lassen, ob er mir den Schlüssel kurz überlassen könne, ich brächte ihn garantiert zurück. Das klappte ohne Weiteres. Jetzt hatten wir Schlüsselgewalt. Außerdem wussten wir, in welchem Zeitfenster Bernhard mit Begleitung zu verschwinden geruhte. Nun mussten wir nur entsprechend auf Position gehen – das Streich-Quartett versteckt hinterm Vorhang und die nackte Rosita in Bernhards Hotelbett. Als Bernhard mit seinem Fang des Tages das Zimmer betrat, sprang unser Lockvogel aus dem Bett und rief: «Du hast mir doch die Ehe versprochen!» In diesem Moment kamen wir hinterm Vorhang vor und applaudierten, was das Zeug hielt. Rosita luden wir an die Hotelbar ein und dankten ihr noch einmal recht herzlich für ihre Einlage. Bernhard hat daraufhin sehr lange nicht mehr mit uns gesprochen.

Mit nackten Tatsachen wurde auf den Tourneen nicht gegeizt. Wenn wir von den umjubelten Konzerten ins Hotel zurückkamen, war die Stimmung immer besonders ausgelassen. Vor allem den männlichen Kollegen war nach Feiern zumute, und an der Hotelbar kamen sie dann auf die findigsten Ideen. Einmal belagerten Werner, Bert und ein paar Kollegen an einem solchen Abend nackt den Hotelaufzug. Wenn sich die Lifttüren öffneten und ein verdutzter Hotelgast zusteigen wollte, behaupteten sie, das sei die Hotelsauna und der nächste Aufguss in 20 Minuten. Bis die empörten Hotelgäste sich an der Rezeption beschwert hatten, saßen die Spaßvögel wieder voll bekleidet beim nächsten Feierabendbier an der Bar.

Den kriminellsten Coup planten wir aber vor einem Gastspiel in der Schweiz. Wieder war Dieter Thomas Heck unsere Zielperson. Abenteuerlustig, wie wir waren, jubelten wir ihm einen großen Kalbsknochen unter. Dann warnten wir telefonisch den Schweizer Zoll – ein Herr Heck habe einen Knochen, gefüllt mit Diamanten, im Kofferraum. Als wir abends zum Veranstaltungsort kamen, wunderten wir uns. Heck erwähnte den Knochen mit keinem Wort. Er hatte unseren Streich bemerkt, aber geschwiegen. Dumm gelaufen. Von nun an spielte Heck das Spiel mit, und der Kalbsknochen bekam jeden Tag eine andere Rolle. Cindy hatte neue Autogrammkarten bestellt, und als sie den gelieferten Karton entgegennahm, lag obenauf – der Knochen! Heck sagte abends auf der Bühne: «Es gibt Leute, die tragen immer ihren Talisman mit sich, zum Beispiel Cindy und Bert: Die beiden haben einen Kalbsknochen als Glücksbringer!», und präsentierte dem Publikum unseren Knochen auf einem Silbertablett. Bei einem Essen mit dem örtlichen Bürgermeister stand der Kalbsknochen auf dem Tisch, dekoriert mit süßer Sahne. Der Kalbsknochen war der Running Gag dieser Tournee, und alle machten mit. Immer, wenn wir dachten, jetzt ist er weg, tauchte er wieder auf.

Seitdem weiß ich: Wenn du im Showgeschäft bist, hast du mitunter einen echten Knochenjob.

Aufrecht geh'n

Ich bin 'ne Hundertprozentige. Für mich gibt's keine halben Sachen, wenn ich etwas mache, dann richtig, mit Herzblut, Hingabe und allem, was ich habe. Dass der Beruf dadurch auch ganz schön auf die Knochen gehen kann, merkte ich erst, nachdem ich dem großen Schlagerzirkus ade gesagt hatte. Plötzlich fing es an, hier und da zu zwicken, und neuerdings finde ich mich zunehmend in Wartezimmern von Arztpraxen wieder. Merkwürdig. Bisher hatten mich die Herren Doktoren mit den Worten «Ach, sind schon wieder fünf Jahre rum?» begrüßt. Sie hatten mich im Grunde kaum zu Gesicht bekommen, ich war nie krank, und mein Körper machte immer das, was er sollte. Jetzt scheint er mich gerne öfter darauf aufmerksam machen zu wollen, dass er auch noch da ist. Ausgerechnet jetzt, wo ich meine Ruhe haben will, fängt er an zu meckern. Aber ich will nicht jammern. Ich weiß, dass der Zahn der Zeit auch mal wackeln kann. Doof finde ich's trotzdem.

Beim Stichwort Knochen denke ich dennoch nicht an Rückenschmerzen, sondern sofort an Eclairs. Auf meinen Frankreich-Trips liebte ich es, mir diese leckeren Liebesknochen in der Patisserie zu holen und sie gleich auf dem Trottoir aus dem Papier zu futtern, am liebsten die mit Vanillecreme gefüllten ... himmlisch. Seit ich mit Werner verheiratet war, kam es aber nicht mehr zum Vernaschen auf offener Straße. Meine Frankreich-Besuche lagen brach. Der Vertrag mit CBS France war ausgelaufen, weil ich nicht bereit gewesen war, nach Frankeich zu ziehen. CBS hatte argumentiert, dass sei unerlässlich. Ich wollte aber nicht so weit weg von Freunden und Familie leben. Werner und ich managten uns nun selbst, und wir hätten nach neuen Möglichkeiten für mich in Frankreich Ausschau halten können. Taten wir aber nicht. Wenn ich heute darüber nachdenke, war das vielleicht ein Fehler. Wer weiß, wie meine Karriere dort weitergegangen wäre?

1981 hatte ich das Album *Was ich fühle* mit Thomas Meisel für HANSA gemacht; darauf fand sich auch meine deutsche Version des Cliff-Richard-Hits «We Don't Talk Anymore». Bei mir hieß der Song «Ich werde gehen heute Nacht». Er lief damals recht gut im Radio, obwohl Anfang der Achtziger die *Neue Deutsche Welle* auf ihrem Höhepunkt war und Radio- und Fernsehsendungen überflutete. Auch in der *ZDF-Hitparade* waren die neuen deutschen Wilden mit ihrer punkigen Musik zu Gast. Ich mochte die Frische der Songs, wusste aber, dass das nicht mein Genre werden würde. Ich war woanders zu Hause und beschloss, mich ein bisschen rar zu machen.

Ein Jahr später kam das Angebot, wieder beim Grand-Prix-Vorentscheid mitzumischen, im Duett mit David Hanselmann. Das reizte mich. Das Lied hieß «Lady» und war eine Komposition von Werner. Den Text hatte Michael Chambosse geschrieben. Gegen die starke Konkurrenz in München konnten wir uns aber nicht durchsetzen. Ein junges Mädchen aus dem Saarland namens Nicole entschied den Vorentscheid für sich und gewann mit ihrer weißen Gitarre und «Ein bisschen Frieden» den *Grand Prix Eurovision de la Chanson* 1982. Endlich hatte Ralph Siegel mit einer Komposition den Pott nach Deutschland geholt. Bis dahin hatte er mit Ireen Sheer, Dschinghis Khan, Katja Ebstein und Lena Valaitis Platz 1 viele Male angestrebt, aber das Siegertreppchen am Ende nicht erreicht. Dieses Mal hatte es geklappt, noch dazu mit der friedensbewegten Botschaft von Textdichter Bernd Meinunger. Das war etwas Besonderes. Im Jahr darauf wurde ich wieder gefragt, ob ich mitmachen wolle. Bitte fragen Sie mich nicht, warum ich absagte, ich glaube, mir war einfach nach einer Pause. Der deutsche Beitrag war großartig, die Komposition von Michael Reinecke und der Text von Volker Lechtenbrink sehr berührend. «Rücksicht» hieß das Stück, mit dem die Brüder Michael und Günter Hoffmann schließlich 1983 beim Finale antraten.

Hoffmann & Hoffmann landeten damit leider nur auf Platz 5, aber das Lied ist und bleibt für mich eines der schönsten, die je geschrieben wurden. Viele Jahre später habe ich es auch in mein Repertoire aufgenommen. Es kann mich noch immer zu Tränen rühren. Vielleicht auch deshalb, weil ich mit ihm den tragischen Tod von Günter Hoffmann verbinde. Er litt unter Depressionen und nahm sich nur ein Jahr nach dem Grand Prix das Leben.

In dieser Zeit kam mir Michael Reinecke auf dem Flur einer Radioanstalt entgegen, und ich wusste sofort: Mit dem will ich arbeiten. Ich sprach ihn an, und damit begann unsere gemeinsame Reise. Erster Stopp: der *Grand Prix Eurovision de la Chanson* in Luxemburg 1984. Wieder hatte der Vorentscheid um die Teilnahme beim Finale im Deutschen Theater in München stattgefunden. Reinecke hatte mir zusammen mit Michael Kunze eine kraftvolle, selbstbewusste Ballade geschrieben, in der es darum geht, vor den Scherben einer verunglückten Liebe zu stehen, aber dennoch den Rücken gerade zu machen und zuversichtlich nach vorne zu sehen.

Also dann adieu
ich mach dir keine Szene
dreh dich um und geh
dein Mitleid brauch ich nicht
vielleicht bin ich verzweifelt
vielleicht geht es mir schlecht
doch du wirst sehn
jetzt werde ich erst recht

Aufrecht geh'n, aufrecht geh'n
ich habe endlich gelernt, wenn ich fall aufzusteh'n
mit Stolz in meinen Augen und trotz Tränen im
  Gesicht
aufrecht geh'n durch die Nacht ins Licht

Wenn du wiederkommst
ich weiß das kann schon bald sein
ist es ganz umsonst
ich warte nicht auf dich
und wenn wir uns begegnen

schau ich kaum hin zu dir
und wenn ich schwach werd
sag ich streng zu mir

Aufrecht geh'n, aufrecht geh'n
ich habe endlich gelernt, wenn ich fall aufzusteh'n
mit Stolz in meinen Augen und trotz Tränen im
*   Gesicht*
aufrecht geh'n durch die Nacht ins Licht

Noch ist mein Schweigen etwas bitter
und noch klingt auch mein Lachen etwas schrill
noch sind in meiner Seele Splitter
noch sehe ich kein Ziel, jedoch ich will

Aufrecht geh'n ...

Dass ich mit diesem Lied beim Vorentscheid auf Platz 1 landete und Deutschland damit erneut beim internationalen Wettbewerb vertreten durfte, war unglaublich. Seit meinem dritten Platz beim Grand Prix in Edinburgh waren zwölf Jahre vergangen. Von der Presse gab es dieses Mal jede Menge Vorschusslorbeeren; man schrieb, ich verstünde mein Handwerk und beweise mit meinem grandiosen Sieg, dass es in Deutschland eben doch noch so etwas geben könne wie einen «Star». Die Erwartungen an mich hätten nicht höher sein können. Ich fuhr in Begleitung von Werner, meiner Schwester Tina und den Autoren nach Luxemburg. Die Proben liefen gut, und mir schlugen auch von internationaler Seite Sympathie und Anerkennung entgegen. Die Experten sagten uns gute Chancen voraus. Ich war lampenfiebrig, aber im positiven Sinne, und wild entschlossen, erhobenen Hauptes auf die Bühne zu gehen, um mein Lied zu singen. Außerdem gab's in Luxemburg Eclairs. Das war extrem nervenberuhigend.

Am Tag des Finales geschah aber etwas, das ich im Leben nicht vergessen werde. Ich bekam einen Anruf von unserer Sekretärin aus Deutschland; es habe schon mehrfach eine Frau angerufen, die dringend um Rückruf bitte. Wer konnte das sein? Und was war bitte schön am heutigen Grand-Prix-Entscheidungstag so dringend? Die Nummer kannte ich nicht, wählte sie aber direkt. Vielleicht war etwas passiert? Mit meinem Vater oder einem der Geschwister? Ich bekam eine Frau an die Strippe, die mir mitteilte, sie habe eine Affäre mit meinem Mann gehabt und erwarte jetzt ein Kind von ihm. Werner solle sich umgehend bei ihr melden. Wenn sie kein Schweigegeld bekäme, ginge die Geschichte an die Presse.

Kennen Sie das Gefühl, wenn plötzlich alles Blut aus Ihrem Körper in die Beine sackt, Ihnen schwarz vor Augen wird und Sie sich irgendwo festhalten müssen, um nicht umzukippen? Ich bekam keine Luft mehr, mein Kopf fuhr Karussell. Ich wusste nicht, was ich denken, geschweige denn tun sollte. Hatte Werner mich tatsächlich betrogen? Wenn ja, warum? Wir waren doch erst im zweiten Jahr verheiratet. Ich stand unter Schock, als ich auflegte. Nur mit Mühe konnte ich Werner wiedergeben, was Sache war. Ich sagte nur: «Wenn du nicht willst, dass du morgen in der Zeitung stehst, ruf diese Frau an.» Werner gab das Unschuldslamm. Er redete auf mich ein, die Frau sei verrückt, das stimme alles nicht. Ich solle das um Gottes willen nicht ernst nehmen, die wolle sich nur wichtigmachen. Tief in meinem Innern hatte es aber knack gemacht.

Wenn ich heute daran zurückdenke, war das vermutlich der Moment, in dem mein Herz brach. Die Tragweite all dessen realisierte ich aber nicht. Ich musste ja gleich beim größten Songcontest der Welt antreten, ausgerechnet mit diesem Lied. Also klopfte ich an Tinas Hotelzimmertür und bat sie, mit mir eine Runde um den Block zu gehen. In knapp zwei Stunden sollten wir abgeholt werden, um ins Théatre Municipal zu fahren.

Ich weiß nicht mehr, wie ich es überhaupt aus den Kulissen auf die große Bühne geschafft habe. Ich war wie gelähmt. Tina sagte mir später, dass ich mich bewegte wie ferngesteuert, mein Gesicht hatte alle Farbe verloren, trotz Schminke. Nach der Anmoderation durch die junge Désirée Nosbusch hatte das Luxemburger Orchester unter der Leitung von Dirigent Pierre Cao losgelegt und gleich das Intro meines Liedes versemmelt. Auch das noch! Irgendwie setzte ich Fuß vor Fuß Richtung Bühnenmitte. Dort stand ich dann wie eine Wachsfigur in meinem hautfarbenen Kleid, unfähig, mich zu bewegen, und hangelte mich tapfer von Ton zu Ton. Gleichzeitig schämte ich mich für meine schwache Leistung, aber ich konnte nicht anders. Ich funktionierte nur noch und war im wahrsten Sinne des Wortes außer mir. Meine Lippen bewegten sich, mein Mund formte Worte, aber ich war nicht anwesend, als ich sang: «Vielleicht bin ich verzweifelt, vielleicht geht es mir schlecht, doch du wirst seh'n, jetzt werde ich erst recht aufrecht geh'n ...»

Der Song wurde oft als «Durchhalteschlager» bezeichnet. Ich glaube, selten verschmolzen eine Sängerin und ein Song so sehr miteinander wie an diesem Abend.

Nachdem ich die Bühne verlassen hatte, wollte ich nur weg, aber ich musste den Punkte-Countdown abwarten. Dabei war doch klar, dass meine farblose Performance niemals für die oberen Ränge taugen würde. Ich hatte derart neben mir gestanden – damit war kein Blumentopf zu gewinnen, der Grand Prix schon gar nicht.

Es wurde schließlich Platz 13, und die Häme der Presse war mir sicher. Natürlich gab es auch Stimmen, die sagten, ein Song wie dieser habe die schlechte Platzierung nicht verdient, aber daran war nun nichts mehr zu ändern. Alle im Team Roos waren geknickt, doch Werner versuchte allen Ernstes, mich zu überreden, zur After-Show-Party zu gehen. Gerade jetzt müsse ich mich zeigen. Nach diesem Desaster auch noch Schaulaufen? Der Mann hatte Nerven! Mir war zum Heulen zumute und nur noch nach Decke überm Kopf.

Dass dieses Lied eines der bedeutendsten meiner Karriere wurde, grenzt an ein Wunder. Noch heute bedanken sich Frauen bei mir für diesen Mut machenden Song und erzählen mir, wie sehr er ihnen in der schlimmsten Zeit ihres Lebens geholfen habe.

Von der Telefon-Terroristin habe ich nie wieder gehört, aber die Zweifel, die sie gesät hatte, wuchsen zu stattlichen Pflanzen heran. Wenn Werner von unterwegs anrief und sagte, er komme später, schloss ich nicht mehr aus, dass eine andere Frau dahintersteckte. Warum ich das aber über lange Zeit so beharrlich ignorierte, kann ich nicht sagen. Ich schätze, dass an dem oft zitierten «Liebe macht blind» doch etwas dran ist. Jaja, ich weiß, Sie haben recht – sie macht auch blöd, zumindest in meinem Fall.

Ich bin stark, nur mit Dir

Ich habe sehr oft im Leben ein Auge zugedrückt, meistens sogar zwei. Sie sind übrigens braun, aber nur äußerlich – eigentlich bin ich ganz schön blauäugig. Ich sehe in alles und jeden immer nur das Beste hinein. Dass es jemand nicht gut mit mir meinen könnte, halte ich für ausgeschlossen. Sollte mir wider Erwarten doch übel mitgespielt werden, denke ich wie meine Mutter: Wird schon wieder! Die Grand-Prix-Katastrophe hatte mich nur mit Mühe *aufrecht geh'n* lassen, aber tief in meinem Inneren wusste ich, dass dieses Erlebnis an meinen Federn abperlen würde wie Wasser. So schnell lässt sich eine Nachtigall nicht unterkriegen. Außerdem war ich schon immer davon überzeugt, dass im Leben nichts ohne Grund geschieht. Vielleicht war jetzt die richtige Zeit gekommen, endlich Mutter zu werden? Werner trug mich seit unserer Rückkehr auf Händen und wurde nicht müde zu beteuern, dass ich die Einzige für ihn sei. Er liebe mich und nur mich! Ich hab's geglaubt, weil ich es glauben wollte.

Durch Werner war mir bisweilen wie in meinem Lied *heiß und kalt, als wär' ich sechzehn Jahre alt* ... mit seinem Charme und Hundeblick nahm er mich immer wieder für sich ein. Gut ein dreiviertel Jahr später wurde ich schwanger und hätte nicht glücklicher sein können. Auch beruflich öffnete sich eine neue Tür. Meine Plattenfirma HANSA hatte damals auch Dieter Bohlen unter Vertrag, der gerade mit Thomas Anders als *Modern Talking* und dem Titel «You're My Heart, You're My Soul» große Erfolge f eierte. Der Plattenboss schlug Bohlen vor, den Song auch in deutscher Sprache aufzunehmen, mit mir als Sängerin. So kam es zu meiner Zusammenarbeit mit dem späteren deutschen Superstar-Sucher aus Tötensen. Er selbst schrieb den Text zu «Ich bin stark nur mit dir», und ich landete damit zweimal hintereinander auf Platz 1 der *ZDF-Hitparade*. Bohlen komponierte noch weitere Titel für mich, die als Singles erschienen. Ich weiß noch, dass wir heftig über Texte stritten und dauernd um Worte rangen. Sehr belustigt hat mich deshalb eine Coverversion dieses *Modern-Talking*-Hits, die damals auf dem Sampler *Popcorn und Lakritze* veröffentlicht worden war. Die Interpreten nannten sich *Milchshake,* und Bohlens Werk hieß bei ihnen «Nur mit Quark wird man stark».

Es gibt Künstler, die sofort mit Klage drohen, wenn ihre Werke verhohnepipelt werden; als Bernd Stelter in einem seiner Karnevalsprogramme eine kabarettistische Fassung von Helene Fischers Hit «Atemlos» sang – bei ihm wurde daraus «Arbeitslos durch die Nacht» –, bekam er prompt Ärger mit der Schöpferin Kristina Bach. Er musste das Stück aus dem Programm nehmen; ich vermute, die Fischerin selbst hätte darüber herzhaft gelacht, denn ihr waren für das Original schon x Preise wie *Die goldene Henne* ins Netz gegangen. Sie war aber nur die ausführende Gewalt und hatte insofern nichts zu melden. Bohlen kam das

Quarkteilchen sicher gelegen, denn wer auch immer den neuen Text verfasst hatte – die Tantiemen für diese Aufnahme landeten in voller Höhe auf Bohlens Konto. Da hatte er so oder so gut lachen.

Apropos Quarkteilchen: Davon kann ich auch ein Lied singen, zumindest von Hefe. Mitte der Siebziger nahm ich den «Happy Pizza Song» auf; Dr. Oetker hatte mich davon überzeugt – mit Geld. Das würde ich nicht wieder tun. Nein! Es müsste schon der Happy-Gummibärchen-Song sein. Seit ich weiß, dass die Biester gut für die Stimmbänder sind, konsumiere ich vor dem Auftritt locker eine Familienpackung. In der letzten Zeit schaffe ich das sogar ganz ohne Gastspielverpflichtung, einfach so beim Fernsehen auf dem Sofa. Haribo macht Kinder froh und Verfress'ne ebenso.

In der Schwangerschaft gehörten Gummibärchen zu meinen Grundnahrungsmitteln. Das ist das Tolle an dieser Zeit: Wenn du einen Jieper auf Süßkram, Chips oder Flips hast, ob zum Frühstück oder mitten in der Nacht, darfst du. Keiner guckt dich scheel an oder zählt dir Kalorien vor, denn es heißt: «Du isst ja jetzt für zwei.»

Ich habe es genossen. Als ich im fünften Monat war, fuhren Werner und ich für ein paar Tage an die Ostsee. Ich liebe lange Strandspaziergänge, und von Hamburg aus liegt der Timmendorfer Strand quasi vor der Haustür. In einer knappen Stunde hat man Sand unter den Füßen. Wir waren kaum zwei Tage am Meer, da stellte ich fest, dass etwas mit mir nicht in Ordnung war. Ich hatte Fruchtwasser verloren, also schnell zurück nach Hamburg ins nächste Krankenhaus. Als wir dort ankamen, war zunächst kein Zimmer frei, also lag ich auf einer Pritsche im Flur und wartete. Dass ich panische Angst hatte, versuchte ich mir nicht anmerken zu lassen, denn Werner war Hypochonder. Hatte er einen Mückenstich, mutmaßte er sofort ein Krebsleiden; von ihm war kein Beistand zu erwarten, er tigerte auf dem Krankenhausflur herum. Endlich kam eine Schwester, die meinen Blutdruck messen wollte. Darauf Werner: «Ach, können Sie das bitte auch bei mir machen?» Ich bekam einen Lachanfall. Mir war hundeelend, mein Kreislauf war im Keller, ich zitterte und fror vor Angst, aber mir liefen die Lachtränen über die Wangen. Das schaffte nur Werner.

Als der Arzt mich untersuchte, wurde aus meiner bangen Vorahnung traurige Gewissheit. Es waren keine Herztöne meines Kindes mehr zu hören. Grund war eine Schwangerschaftsvergiftung; ich musste sofort operiert werden. Ich hatte mein Baby verloren. Der Arzt erklärte mir nach der OP zwar, dass so etwas passiere, keiner Schuld daran trüge und ich wieder schwanger werden könne. Ich hörte, was er sagte, wie durch Watte, konnte aber nur daran denken, dass ich nicht einmal erfahren hatte, ob es ein Mädchen oder ein Junge war. Das wurde nicht kommuniziert. Heutzutage kannst du dein Sternenkind taufen lassen, beerdigen und somit Abschied nehmen. Damals blieb man mit dem Verlust und den quälenden Fragen nach dem Warum alleine.

Irgendwie schaffte ich es, anzunehmen, was passiert war, aber ich dachte noch jahrelang darüber nach, wie alt mein Kind nun wäre.

Der Arzt verschrieb mir Medikamente, die ich unbedingt noch am gleichen Tag einnehmen sollte. Werner setzte mich zu Hause ab, wollte mit dem Rezept in die Apotheke fahren und gleich wieder da sein. Daraus wurde nichts. Ich wartete und wartete – vergebens. Am anderen Morgen klingelte es, und ein Taxifahrer stand mit einem Apothekentütchen in der Hand vor der Tür. Er solle das abgeben, hatte man ihm aufgetragen.

Meine Schwestern Tina und Marion reisten an, um mich zu unterstützen und zu trösten, den Kopf schüttelnd über Werners Verhalten. Inzwischen ahnte ich, dass mein Gatte zur Schürzenjägerei neigte. Bei ihm war anscheinend immer Jagdsaison, ich hatte aber keine Gewissheit. Die wollte ich mir jetzt verschaffen. Als es mir besser ging, erzählte ich Werner, dass wir Mädels eine Shoppingtour planten und dafür am Nachmittag in die Stadt fahren würden. Bevor wir aus dem Haus gingen, versteckte ich ein kleines Tonbandgerät hinter der Wohnzimmergardine in der Nähe unseres Telefons und drückte auf Aufnahme. Sherlock Holmes hätte es nicht besser machen können. Auf dem Band war zu hören, dass sich Werner, gleich nachdem wir aus der Tür waren, daranmachte, seine Dating-Liste abzutelefonieren. Für die schnelle Nummer musste er verschiedene Damen anflirten, bis ihn schließlich eine erhörte. Nun wusste ich Bescheid. Warum ich den Mann daraufhin immer noch nicht in die Wüste schickte, lässt sich nur mit fünf Buchstaben erklären. Liebe.

Im Krankenhaus hatte mir der Arzt erklärt, dass ich frühestens in einem halben Jahr wieder schwanger werden könne, und genau sechs Monate nach meiner OP saß ich wieder vor ihm: schwanger und überglücklich. Meine innere Stimme sagte mir, dass dieses Mal alles gutgehen würde, und mein Bauchgefühl täuschte mich nicht. Ich war mit meinen achtunddreißig Jahren genauso alt wie meine Mutter bei meiner Geburt, als ich im September 1986 einen gesunden Jungen zur Welt brachte. Wir nannten ihn Julian.

Der Neuankömmling stellte unser Leben auf den Kopf; nichts war mehr, wie es war, und das war gut so. Ich ging voll in meiner Mutterrolle auf. Mittlerweile hatte ich fast dreißig Berufsjahre auf dem Buckel, seit ich als Kind im Hotel Rolandseck das Singen für mich entdeckt hatte. Ich war seitdem ständig unterwegs gewesen. Es war richtig, eine Auszeit zu nehmen und zum ersten Mal in meinem Leben rein privat zu sein. Ich lehnte alle Interviews, Fernseh- und Konzertanfragen ab. Von nun an drehte sich meine Welt nur noch um sexy Themen wie Spucktücher, Windeln, Wundschutzcreme und Gläschen-Nahrung. Jetzt machte ich Werner Konkurrenz und griff auch regelmäßig zur Flasche – mit Folgemilch, versteht sich.

Julian entwickelte sich zum Schreihals. Besonders in den Nächten testete er meine Belastbarkeit mit stundenlangen Brüllattacken. Wenn ich heute an diese Zeit zurückdenke, wird mir klar, dass sich meine innere Unruhe auf ihn übertragen hatte. In diesen Nächten saß ich alleine mit Baby Julian zu Hause und wartete auf Werners Heimkehr. Wenn er nicht zur versprochenen Zeit auftauchte, machte ich mir Sorgen und sah ihn verunfallt in Straßengräben liegen oder malte mir aus, alle Krankenhäuser abzutelefonieren, um nach ihm zu forschen. Ich konnte mich einfach nicht daran gewöhnen, dass er *Hü* sagte und *Hott* meinte. In diesen Nächten lagen meine Nerven blank. Das spürte Julian. Werners Ausreden waren meist hanebüchen, aber Fantasie hatte er, das musste man ihm lassen.

Als Julian laufen konnte, kam ich auf den Tipp einer Freundin zurück, die mir von einem jungen Mädchen erzählt hatte, das sich gut als Babysitterin eigne. Anja war mir sofort sympathisch. Sie war zwar erst sechzehn Jahre alt, hatte aber schon im Kindergarten gejobbt. Ihr würde ich Julian anvertrauen können. Sie verstand sich auch gut mit Werner – wie gut, erfuhr ich eines Tages, als ich einen kurzen Mittagsschlaf halten wollte und mich über die plötzliche Stille im Haus wunderte. War etwas mit Julian? Im Treppenhaus hing damals ein schöner, alter Spiegel. Mir war bisher gar nicht bewusst gewesen, dass man durch ihn von der Treppe aus einen direkten Blick ins Wohnzimmer hatte. Und ich traute meinen Augen nicht: Werner war mit unserem Kindermädchen auf dem Sofa zugange. Wie sich herausstellen sollte, nicht zum ersten Mal. Immer wenn ich mir oben im Bad die Haare geföhnt hatte, war mein Mister Dreist Anja unten an die Wäsche gegangen.

Ich bringe Verständnis für Gott und die Welt auf und kann mich gut in andere hineinversetzen. Ich drücke, wenn es sein muss, auch noch ein Hühnerauge zu. Ich kann die Leine extralang lassen und bin ein sehr duldsamer Mensch, aber jetzt war das Fass übergelaufen. Werner mit dem babysittenden Teenager knutschend im Wohnzimmer – das ging nun wirklich zu weit. Ich pfefferte wahllos Socken, Unterhosen, Zahnbürste, Hemden und Hosen meines Angetrauten in eine Tasche, stellte sie vor die Haustür und warf Werner samt Gespielin raus. Er sollte sich hier nie wieder blicken lassen. Mein Geduldsfaden war gerissen. Schluss. Aus. Ende.

Aber *wenn du denkst du denkst, dann denkst du nur du denkst ...* Gunter Gabriel hatte das mal für Juliane Werding geschrieben, und so ging es mir nun auch. Ich dachte, ich hätte das Kapitel Werner mit dem Rauswurf hinter mir gelassen, aber er blieb ein Stein auf meinem Herzen, auch noch Jahre nach unserer Scheidung. In jedem Zeitungsartikel über mich stand irgendwo, dass ich die Ex von Böhm sei und er der Vater meines Sohnes. Ein wirklich radikaler Schnitt war nicht machbar, denn ich wollte Julian den Vater nicht nehmen. Werner blieb der Zaungast in unserem Leben. Er schneite hin und wieder rein, um Julian zu sehen, und ich glaube, dass er nach Kräften versuchte, eine Vaterfigur zu sein; er schrieb Julian zum Beispiel entzückende Gedichte. Im Alltag war ihm das karierte Jackett aber immer näher als das Familienleben. Er war ein Frühstücksdirektor als Vater. Nichtsdestotrotz ließ ich gegenüber Julian nichts auf ihn kommen. Als er einmal aus der Schule kam und wissen wollte, ob ich es gut fände, was Werner da im *RTL-Dschungelcamp* mache, seine Klassenkameraden hätten ihn darauf angesprochen, sagte ich: «Der Papa macht das toll!» Julian würde älter werden und herausfinden, was sie als Vater und Sohn miteinander verbindet. Dass Werner während unserer Ehe andauernd den

Casanova gegeben hatte, verheimlichte ich. Es wäre Gift für die Kinderseele gewesen.

2013 schlugen die Wellen noch einmal hoch, als Werner in seiner Autobiografie diverse Seitensprünge offenlegte. Dazu gab er der *BILD* im Vorfeld ein Interview, in dem er behauptete, unsere Ehe sei gescheitert, weil ich ihm zu Unrecht eine Affäre mit einem jungen Mädchen unterstellt habe. Das stimme aber nicht, das Mädchen habe gelogen. Ich wies meinen Anwalt daraufhin an, eine einstweilige Verfügung zu erwirken und die Veröffentlichung des Buches zu stoppen. Jetzt sprang mir unverhofft unser damaliges Kindermädchen bei. Anja hatte den Artikel gelesen und umgehend bei der *BILD*-Redaktion angerufen, um klarzustellen, dass sie besagtes Mädchen und die Geliebte von Werner gewesen sei. Er habe seine Frau mehrfach mit ihr betrogen. Anschließend rief sie mich an, um mir von ihrem Telefonat mit der *BILD* zu erzählen. Ich versicherte Anja, dass ich ihr das Verhältnis mit Werner nicht nachtrüge. Sie war damals ein sechzehnjähriger Teenager, der sich in einen gestandenen Mann verliebt hatte; ich war ja auch in diesen Tunichtgut verknallt gewesen. Ich konnte sehr gut nachempfinden, wie sie sich gefühlt hatte, aber ihrem Wunsch, jetzt Freundinnen zu werden, wollte ich nicht entsprechen.

Werners Buch erschien dann doch. Darin beschrieb er unter anderem, dass er vor einer Fernsehaufzeichnung nachts um zwei aus unserem Hotelbett geschlichen war, um sich mit einer Künstlerbetreuerin ein paar Zimmer weiter zu vergnügen, und dass die Dame anderntags in der Maske lautstark von ihrer heißen Nacht berichtet hatte. Als ich das las, erinnerte ich mich wieder an diesen Morgen danach. Natürlich hatte sich die pikante Kurzgeschichte damals wie ein Lauffeuer verbreitet und war auch zu mir durchgedrungen. Als ich Werner zur Rede stellte und fragte, mit wem er denn da im Bett gewesen sei, zuckte er nur mit den Achseln. Er hatte sie nicht mal nach ihrem Namen gefragt.

Nach Anjas Anruf wollte die *BILD* einen Kommentar von mir. Ich sagte, was ich dachte: «Werner Böhm hat mit mehr Frauen geschlafen, als im Hamburger Telefonbuch stehen.» Damit war die Sache für mich erledigt – dachte ich. Doch Werner blieb meine Altlast. Ich wollte sie loswerden, aber wohin damit? Das ist doch Sondermüll, da gelten die üblichen Müllabfuhrtage nicht.

Als mich dann vor zwei Jahren seine dritte Frau Susanne anrief, um mich zu Werners Beisetzung einzuladen, wusste ich nicht, ob ich zusagen sollte. Ich bat sie um Bedenkzeit.

Werner war wie ein Gewitter in mein Leben gekracht. Mit ihm hatte es immerzu geblitzt und gedonnert, Langeweile war nicht. Das Zusammenleben mit ihm war wie ein Seiltanz ohne Netz. Seine Unberechenbarkeit forderte mich und machte mich sicher auch ein Stück weit zu dem, was ich heute bin. Nach unserer Trennung war ich nicht mehr die Frau an der Seite eines Mannes, sondern nahm das Ruder selbst in die Hand.

Werner war ein Filou und raubte mir oft den letzten Nerv, aber er machte mir auch das schönste Geschenk, das man sich wünschen kann – Julian. Dafür bin ich ihm unendlich dankbar.

Nachdem ich eine Nacht über Susannes Anruf geschlafen hatte, sagte ich Ja zu Werners letzter Reise. Sie ging über die Ostsee. Als ich seine drei Söhne Arm in Arm an der Reling des Schiffes stehen sah, spürte ich, wie sich ein warmes, friedvolles Gefühl in mir breitmachte. Ich weinte, aber ich konnte mich im Guten von Werner verabschieden.

Damit fiel der Stein von meinem Herzen.

Mein Sohn

Dass ich aus dem Nähkästchen plaudern will, habe ich schon auf der ersten Seite dieses Buches angedroht, und wie Sie bemerkt haben, nehme ich kein Blatt vor den Mund. Wenn ich nun Revue passieren lasse, was ich mit Werner alles erlebt habe, denke ich: Ich muss bekloppt gewesen sein!

Jede vernünftige Frau hätte diesen Möchtegern-Don Juan doch einen Kopf kürzer gemacht. Anscheinend hab ich's nicht so mit der Vernunft, oder mein Herz ist größer geraten als das Hirn, sonst wäre ich diesen Gefühlsmarathon bestimmt nicht bis zum bitteren Ende gelaufen.

Als ich mich mit achtzehn in Pierre verliebte, dachte ich, das ist die große Liebe. Dann kam Werner, und meine Liebe zu ihm schien noch 'ne Nummer größer. Aber als Werner ausgezogen war, hielt ich Julian in meinen Armen und wusste: Die größte Liebe meines Lebens ist dreikäsehoch.

Von einem Tag auf den anderen war ich alleinerziehend. Mein Noch-Ehemann war weg, aber ich bekam immer noch Besuch von seinen Gläubigern. Natürlich öffnete ich den Geldbeutel, denn die Leute taten mir leid. Werner hatte als Gottlieb Wendehals mit seinen Stimmungsliedern ein Vermögen verdient, aber alles wieder verjubelt. Ich gab ihm sogar noch Bettwäsche und Küchenutensilien für seine neue Bleibe mit. Darüber hinaus hatte ich aber weder Zeit noch Lust, mir Gedanken über Werners Kontostände zu machen, denn Julian war ein Wirbelwind. Er hielt mich rund um die Uhr auf Trab, warf sich im Supermarkt schreiend auf den Fußboden, wenn er nicht bekam, was er wollte, und beruhigte sich erst wieder, nachdem ich der Kassiererin versichert hatte: «Das ist nicht mein Kind!» Andere Mütter drohen ihren Sprösslingen nach solchen Szenen, sie zur Adoption freizugeben. Ich nicht. Nachdem ich so lange darauf gewartet hatte, endlich schwanger zu werden, konnte mich so schnell nichts mehr schocken, auch nicht die regelmäßigen Vorladungen von Julians Lehrern. Julian war ein aufgewecktes Kind, das machte sich auch im Unterricht bemerkbar. Ich verbrachte gefühlt

mehr Zeit in der Schule als anderswo. Irgendwas war immer, aber das war gut so. Lieber ein ungestümes Kind, das den Mund aufmacht, als eines, das duckmäusert.

Allein mit Kind gerät man ganz schön in Gefahr, zu glucken. Ich musste aufpassen, dass ich nicht zur Helikopter-Mutter wurde. Mir war wichtig, dass Julian behütet und jenseits der Showgeschäft-Scheinwelt aufwächst; er sollte eine ganz normale Kindheit haben, deshalb zog ich mich erst mal aus dem Plattengeschäft zurück und wurde Vollzeit-Mama. Erst Jahre später, als ich Konzertanfragen wieder zusagte, nahm ich ihn einmal mit. Vor dem Auftritt hatte mich ein Begleiter in der Garderobe darauf aufmerksam gemacht, dass ich beim Veranstalter unbedingt bezüglich der Gage nachhaken solle, denn dieser hatte in Sachen Zahlungsmoral keinen guten Ruf. Oft wartete man Monate, bis das vertraglich vereinbarte Honorar auf dem Konto war. Ich versprach, mich darum zu kümmern, gab Julian einen Kuss und verabschiedete ihn in den Saal, von wo aus er seiner Mama bei der Arbeit zuschauen konnte.

Mein Auftritt kam gut an, und man bat mich nach meinem Abgang nochmals zum Verbeugen hinaus auf die Bühne. Als ich vorne an der Rampe stand, hörte ich auf einmal mein Kind durch den ganzen Saal brüllen: «Mama, Mama, das Geld!» Natürlich verstand keiner im Saal, worum es ging, aber Julian flogen im Nu alle Herzen zu. Die Zuschauer baten ihn dann auch noch, auf meinen Autogrammkarten mit zu unterschreiben, was er mit Feuereifer tat. Da merkte ich, dass es besser war, ihn in Zukunft nicht mehr mitzunehmen. Plötzlich im Mittelpunkt zu stehen, sollte ihm nicht zu Kopf steigen. Das hier war Showtime und er zu jung, um zu verstehen, was es bedeutete, nach dem Rampenlicht wieder im ganz normalen Alltag zu landen.

Bis zu Julians Geburt hatte ich zum fahrenden Volk gehört und führte auf den Tourneen ein unstetes Leben. Man aß, wenn man Hunger hatte, und wenn die Restaurants nach Konzertende schon geschlossen hatten, eben gar nichts oder ein paar Erdnüsse aus der Hotelminibar. Mein Junior belehrte mich jetzt eines Besseren. Sein Appetit bestimmte unseren Lebensrhythmus und machte unmissverständlich klar, wer Herr im Hause war. Nun hieß es, regelmäßig Mahlzeiten zuzubereiten, täglich Mittagessen zu kochen und mir trotz des tief empfundenen Mutterglücks heimlich zu wünschen, die Nächte durch- und morgens mal wieder ausschlafen zu können. Wenn die Verantwortung für so einen kleinen Menschen allein auf deinen Schultern liegt, sehnst du dich schon ab und an danach, sie teilen zu können. Aber man wächst mit seinen Aufgaben, und im Laufe der Jahre und mit Unterstützung diverser Tagesmütter, die Julian eine nach der anderen verschlissen hat, kamen wir beide gut durch die manchmal stürmische See.

Ich brachte Julian zum Kindergarten und zum Sport, wo er auf männliche Artgenossen traf. Er sollte nicht nur von weiblicher Energie umgeben sein, und sein Vater glänzte durch Abwesenheit. Julian stand oft stundenlang am Fenster und wartete auf ihn. Vergeblich. Als Werner Julian versprochen hatte, dass er bei ihm ein eigenes Zimmer bekommen würde, strahlte mein Sohn über beide Ohren, auch dann noch, als klar war, dass es für ihn doch kein Zimmer gab. Julian liebte seinen Papa und schrieb ihm zu dessen Abschied auf See einen rührenden Brief. Darin war er schon als Steppke unschlagbar. Unlängst fand ich diese fast vergilbten Zeilen von ihm, die er mir geschrieben hatte, als er ein paar Tage bei seiner Tagesmutter war:

Hallo Mama, alles Liebe zum Muttertag,
nun musstest Du es mit mir zwölf Jahre lang
  aushalten
und ich bin echt stolz auf Dich, Mama.
Ich habe in letzter Zeit mich echt angestrengt
das musst Du wissen.
Ich freu mich schon auf das nächste lange
  Wochenende
Ich hab Dich ganz doll lieb
Alles Liebe von Deinem Sohn Julian

Natürlich war auch in unserem Zweierpack nicht immer nur eitel Sonnenschein. Wir stritten uns wie andere Mütter und Kinder auch. Ich finde, es ist ganz wichtig, eine gute Streitkultur zu haben. Aber sich versöhnen zu können ist noch wichtiger. Ich sagte immer: «Wir können uns streiten wie die Kesselflicker, aber vorm Zu-Bett-Gehen wird sich umarmt – aber ehrlich umarmt –, und es ist wichtig, sich zu sagen, dass man sich liebhat.»

Davon bin ich nach wie vor überzeugt. Liebe ist der beste Kompass, der zeigt immer in die richtige Richtung. Ich war als Kind von viel Liebe umgeben und wünschte mir, dass sich Julian ebenso geliebt fühlte. Mag sein, dass ich dazu geneigt habe, ihn mit meiner Mutterliebe zu über-schütten, aber geschadet hat ihm das nicht, soweit ich weiß.

In der Erziehung übernahm ich einiges von meiner Mut-ter. Sie steckte uns Kindern zum Beispiel Geld zu, wenn wir in die Disco aufbrachen, damit wir unabhängig waren und uns jederzeit ein Taxi nach Hause hätten nehmen kön-nen. So machte ich's jetzt auch mit Julian. Er sollte sich si-cher und autark fühlen. Trotzdem fiel es mir 2006 unge-heuer schwer, ihn nach Australien gehen zu lassen, auch wenn er inzwischen schon zwanzig war. Als er mir sagte, dass er eine Zeit lang in Brisbane zur Schule gehen wolle, fremdelte ich tüchtig mit dem Gedanken daran, dass mein Sohn am Ende der Welt sein würde, während ich in Ham-burg blieb. Ich wollte aber keine Bedenkenträgerin sein und willigte unter der Bedingung ein, dass er dort in einer Gastfamilie wohnen würde. Das klappte auch. Allerdings fand er das anfangs nicht so prickelnd, denn die christ-liche Familie achtete peinlich auf Ordnung und Sauber-keit. Mich beruhigte es aber ungemein, ihn dort gut auf-gehoben zu wissen. Außerdem fand ich es wichtig, dass Julian andere Lebenseinstellungen und Glaubensrichtun-gen kennenlernte. Dass mein Sohn glücklich war in Down Under, stellte ich bei meinen Besuchen dort fest. Wenn man den 30 Stunden langen Flug dorthin lebend über-steht, das Blut seinen Weg wieder zurück in die Beine ge-funden hat und der Jetlag nach drei Tagen überwunden ist, erweist sich Australien als Augenweide. Was für ein faszi-nierendes Land! Ich wurde dort heftig von einem «Aussie» umflirtet. Der Mann wäre schon mein Fall gewesen, aber wie hätte das gehen sollen? Wenn der Liebste am Ende der Welt lebt, kann man zu Recht von einer echten Fernbeziehung sprechen. Mein abenteuerlustiger Kopf sagte Ja zum Land der Kängurus, doch mein Bauch wollte Heimat. Mit Familie in der Nähe, Menschen, die mir nahestanden, Spaziergängen an der Elbe, Fischbrötchen im Stehen und Musik in meiner Sprache. Ich flirtete also ein bisschen zurück, reiste dann aber wieder nach Hause.

Nach seiner Zeit in Australien ging Julian noch für ein paar Monate nach Irland, bevor er ins Berufsleben einstieg – bei der Event-Agentur von Uriz von Oertzen. Für mich ist von Oertzen einer der besten Agenten, die es gibt. Einer, der für seine Künstler durchs Feuer geht. Ich schätze ihn über die Maßen und weiß, dass sich jeder glücklich schätzen kann, der von einem solchen Herzblut-Agenten vertreten wird. Hier war Julian an der richtigen Stelle.

Zuvor hatte er damit geliebäugelt, Schauspieler zu werden. Ich ließ mir nichts anmerken, als Julian mir seinen Berufswunsch unterbreitete, dachte aber spontan: Auweia! Nicht, weil ich das für ein blöde Idee hielt. Julian ist musisch sehr begabt und singt hervorragend, aber die Schauspielerei ist nun wirklich oft brotlose Kunst. Es ist hart, in diesem Genre Fuß zu fassen, und erfordert ungeheure Ausdauer. Nur wenige schaffen es, ihren Lebensunterhalt damit zu bestreiten. Irgendwie gelang es mir aber, meine Bedenken nicht auszusprechen, sondern mir meinen Teil nur zu denken und ihn machen zu lassen. Julian wollte es beim Fernsehen versuchen und ging zu einem

Vorsprechen bei einer Daily Soap. Dort drückte man ihm ein Blatt mit Text in die Hand, verbunden mit der Ansage, den Monolog bitte innerhalb einer halben Stunde intus zu haben und ihn dann in eine Kamera zu sprechen. Da nahm mein Sohn dann doch lieber Abstand; so hatte er sich das nicht vorgestellt.

Das Thema Schauspielerei hatte sich damit erledigt, und Julian ging zu Jan Mewes Entertainment. Inzwischen arbeitet er bei Uwe Kanthak, dem Manager von Helene Fischer, Frank Schöbel, Jens Riewa und vielen anderen renommierten Künstlerinnen und Künstlern. Er war mit den *Prinzen* unterwegs und wird von Fernsehredakteuren und Veranstaltern überaus geschätzt und gemocht. Hach, Sie merken schon, da spricht die stolze Mama aus mir. Er ist aber auch wirklich gut gelungen, das muss ich mir lassen.

Dass ich unsterblich in ihn verknallt war, kann man immer noch in einem YouTube-Clip im Internet sehen. Ich war 2005 in eine von Florian Silbereisen moderierte Sendung eingeladen worden, um dort einen Titel zusammen mit Julian zu präsentieren. Zu Muttertagen und zu Weihnachten wurde so was gerne genommen. Ich fragte Julian, ob er sich vorstellen könne, mit mir beim *Winterfest der Volksmusik* aufzutreten und rechnete damit, dass mein mittlerweile achtzehnjähriger Sohn dankend ablehnte, doch er fragte nur kurz: «Was kriege ich an Gage?» Wenn das Honorar stimme, sei er dabei. Er einigte sich dann ohne mein Zutun mit der Redaktion auf seine Gagenhöhe, und so kam es, dass wir Seite an Seite, mit Schlittschuhen an den Füßen auf einer Bank sitzend, im Fernsehstudio landeten. Man hatte uns gut ausgeleuchtet auf einer Eislauffläche platziert, und ich besang Julian mit einem meiner Lieblingslieder:

Du warst ein Teil vom Leben in meiner Welt
hab versucht dir mehr zu geben als Unterkunft und
  Geld
doch was von dir zurück kam war tausendmal so viel
und jetzt gehst du los auf deinem Weg zum Ziel

Wo sind all die vielen Jahre hin?
Mein Sohn, eben warst du noch ein kleines Kind
doch niemand dreht die Zeit noch mal zurück
Mein Sohn, mit dem Herzen werd ich bei dir sein
Mein Sohn, irgendwann musst du dich ganz befreien
Ich wünsche dir ein Leben voller Glück
und sei sicher, ich will nichts von dir zurück

Die schönen Kinderjahre sind nun vorbei
die Welt ist voll Gefahren, das ist dir nicht mehr neu
musst dich allein behaupten in ängstig kühler Zeit
doch man kann nichts tun, es ist nun mal so weit
wo sind all die vielen Jahre hin?

Wo sind all die vielen Jahre hin?
Mein Sohn, eben warst du noch ein kleines Kind
doch niemand dreht die Zeit noch mal zurück
Mein Sohn, mit dem Herzen werd ich bei dir sein
Mein Sohn, irgendwann musst du dich ganz befreien

Ich wünsche dir ein Leben voller Glück
und sei sicher, ich will nichts von dir zurück
Träum deinen schönsten Traum vom Leben
Und mach ihn wahr im Lauf der Zeit

Wo sind all die vielen Jahre hin?
Mein Sohn, eben warst du noch ein kleines Kind
doch niemand dreht die Zeit noch mal zurück
Mein Sohn, mit dem Herzen werd ich bei dir sein
Mein Sohn, irgendwann musst du dich ganz befreien
Ich wünsche dir ein Leben voller Glück
und sei sicher, ich will nichts von dir zurück
Pass gut auf dich auf

Den vermeintlichen Spott seiner Kumpels wegen dieses öffentlich-rechtlichen Schlittschuhlaufens nahm mein Sohn übrigens souverän lächelnd in Kauf.

Julian hat die Größe und den Charme seines Vaters. Den Geschäftssinn aber hat er von mir. Ich habe ihn wiederum von meiner Mutter, die immer sagte: «Ich sitze gerne an der Kasse!» In unserem Hotel Rolandseck durfte kein anderer die Kasse übernehmen; es war eisernes Muttergesetz, dass die fest in Familienhand blieb. Schade, dass meine Mutter und mein Sohn sich nicht kennengelernt haben. Ich bin mir sicher, Julian hätte sofort einen Platz in ihrer ersten Herzreihe bekommen, denn er ist ein besonderer Mensch. Julian ist von innen schön. Vor einiger Zeit habe ich ihm mal die ultimative Wie-war-ich-denn-so-als-Mutter-Frage gestellt und die schönste SMS-Antwort bekommen. Ich werde mir deshalb nie wieder ein neues

Handy kaufen, denn diese Nachricht ist so beglückend, die muss ich für immer konservieren:

> *Du bist die beste Mutter, die man sich vorstellen kann und ein Vorbild in Sachen Mensch.*

Ich kriege jedes Mal wieder feuchte Augen, wenn ich das lese.

Explosion

Dass ich nah am Wasser gebaut habe, ist das eine. Ich könnte schon beim Anblick eines Sonnenaufgangs anfangen zu heulen. In der Beziehung bin ich schlicht nicht ganz dicht, aber dass man mir meine Gefühlswasserstände gleich ansieht, ist nicht unbedingt von Vorteil. Neulich war ich mit Julian bei einer Veranstaltung, und wir saßen direkt an der Bühne. Die Sängerin vor uns sang so schief, dass ich wohl unwillkürlich die Nase rümpfte, worauf Julian mich von der Seite anstippte und raunte: «Mach doch mal eben ein anderes Gesicht.» Ich glaube, früher konnte ich besser gute Miene machen, aber auch nicht immer. Mir fällt eine unglaubliche Geschichte ein, die ich Ende der Neunzigerjahre erlebte und bisher noch niemandem erzählt habe – es war einer der äußerst seltenen Momente in meinem Leben, in denen ich wie eine Bombe hochging. Ich muss aber ein bisschen weiter ausholen.

In meinem Leben schien sich das Wesentliche im Privaten um die magische Zahl Sieben gedreht zu haben: Mit meinem ersten Mann Pierre hatte ich's bis ins verflixte siebte Jahr geschafft, machte sieben Jahre Babypause, und Julian wurde mit sieben eingeschult. Die Halbwertzeit meiner Ehe mit Werner lag inklusive Trennungsjahr auch bei sieben. Ich bin nicht abergläubisch, aber das kann doch kein Zufall sein! Vielleicht war ich in einem früheren Leben eine Katze? Die soll ja sieben Leben haben und fällt wie ich immer wieder auf die Füße. Oder ich habe vom Schicksal ein Schutzengel-Abo bekommen, das mich durch die strubbeligsten Zeiten trägt? So etwas muss es sein. 1989 war jedenfalls ein Jahr der Abschiede. Auf die Scheidung von Werner hatte ich mich halbwegs einstellen können, wir lebten schon länger getrennt, aber es war auch das Jahr, in dem mein Vater starb. Das traf mich und meine Geschwister hart. Er war wie unsere Mutter an Krebs erkrankt; jetzt wechselten wir vier Kinder uns an seinem Krankenhausbett ab, allen voran meine jüngste Schwester Marion, die als Krankenschwester arbeitete. Die Schwestern und Ärzte vor Ort sagten uns mit einem Lächeln, dass sie einen solchen Familienzusammenhalt noch nie erlebt hätten. Zu jeder Tages- und Nachtzeit war eines von uns Kindern in Vaters Nähe. Er sollte nicht alleine bleiben. Ich bin froh, dass Julian seinen Opa noch erlebte; die beiden mochten sich sehr, und mein Vater liebte es, seinen Enkel auf dem Schoß zu haben. Julian war drei Jahre alt, als sein Opa starb. Wir betteten ihn an Mutters grüne Seite.

Es fühlt sich schon merkwürdig an, wenn beide Eltern nicht mehr da sind. Plötzlich bist du niemandes Kind mehr und musst dann auch noch den Haushalt auflösen. Scheußlich. Wir kamen in das Haus in Braunfels, und in Vaters Siebensachen war überall noch Leben. Aus dieser Kaffeetasse hatte er am liebsten getrunken. Die abgelatschten Pantoffeln standen im Flur. Seine Jacke hing an der Garderobe. Im Bad roch es nach Vaters Rasierwasser, aber er kam nicht wieder. Wohin mit all seinen Habseligkeiten? Ich nahm das Soldbuch, eine Pillendose und seine Armbanduhr an mich und hüte diese Erinnerungsstücke bis heute. Auch wenn die Zeit auf dem Zifferblatt längst stehen geblieben ist – diese Uhr hält das Andenken an meinen Vater in mir wach. Mit wundem Herzen gaben wir den Löwenanteil an Kleidung, Bettwäsche und Schuhen in Altkleidersäcke vom Roten Kreuz. Verteilten, verschenkten und warfen weg. Bei vielen Menschen wird sogar ein Container bestellt, und all die Dinge, die ein Leben begleitet haben, wandern schlussendlich auf den Müll.

Ich habe deshalb beschlossen, jetzt schon mal gründlich auszumisten. Die Berge, die sich allein in meinem Keller angesammelt haben, will ich Julian keinesfalls zumuten. Ich möchte ihm Haus und Hof gerne flurbereinigt hinterlassen. Gut, dass ich ihm in diesem Buch fast jeden Schwank aus meinem Leben erzähle, dann kann der ganze andere Kram im Grunde entsorgt werden. Schönes Wort übrigens – entsorgen. Das ist oft so negativ besetzt, aber wenn man's wortwörtlich nimmt, eine wunderbare Vorstellung, sich der Sorgen entledigen zu können. Das klingt jetzt schon ganz schön nach Schlusswort, merke ich gerade, es ist aber keins. Bitte haben Sie noch ein bisschen Geduld, ich hab's gleich ...

Vor Julians Geburt hatte ich entschieden, mich aus dem Musikgeschäft zurückzuziehen. Zwar erschien 1987 noch die LP *Leben spürn,* sie fand aber wenig Beachtung, sicher auch, weil ich zu Bewerbungszwecken kaum zur Verfügung stand. Während meiner Babypause war ich weg vom

Fenster. Eigentlich dachte ich, meine Karriere sei damit beendet. Eines Tages aber rief Mike Krüger an und fragte, ob ich in seine neue Samstagabendshow in der ARD kommen wolle. In *Vier gegen Willi* spielten zwei Familien gegeneinander, und zwischen den Spielen gab es musikalische Unterbrechungen. Dafür war ich Mikes erste Wahl. Ich sagte sofort zu. Nachdem ich in dieser Sendung wieder über den Bildschirm geflimmert war, meldete sich Hape Kerkeling bei mir, um mich für die Erstausgabe seiner Comedy-Sendung *Total Normal* bei Radio Bremen zu gewinnen. Er führte Wildes im Schilde: Ich sollte mit ihm einen Sängerin-kommt-zu-Plattenfirmenboss-Sketch spielen und im Anschluss meinen Grand-Prix-Titel «Aufrecht geh'n» als Rap präsentieren. Da rannte er bei mir offene Türen ein. Wenn ich auf die Spielwiese kann, bin ich sofort Feuer und Flamme. Klar wollte ich das machen und hatte riesigen Spaß dabei, mich durch den Song zu hiphoppen.

Letztlich verdanke ich es Mike und Hape, dass ich im Musikgeschäft wieder Fuß fassen konnte. Die Plattenindustrie kam auf mich zu und bot mir neue Plattenverträge an. Bei DA Music erschienen die Alben *Alles was ich will* und *Mehr als ein Gefühl*. Die Lieder darauf waren poppig arrangiert, und wieder durfte ich die wunderbaren Texte von Miriam Frances interpretieren. «Hast du auch ein Kind» und «Wenn die letzte Schminke fällt» stammten aus ihrer Feder und spiegelten wider, was in meinem Leben geschah. Auch wenn die Alben wohl nicht ganz den Erfolg erzielten, den sich die Plattenfirma erhofft hatte, so brachten sie mich doch zurück ins Bewusstsein der Fernseh- und Radioredakteure. Julian konnte ich von vertrauenswürdigen Tagesmüttern betreuen lassen und so nach und nach wieder mehr Termine annehmen. Es machte mich glücklich, wieder zu arbeiten, und ich genoss es auch, ein Hotelzimmer für mich alleine zu haben, in dem ich Frühstück ans Bett bestellen oder wild durchs nächtliche Fernsehprogramm zappen konnte, ohne dass ein «Mama, Mama» aus dem Hintergrund ertönte. Verstehen Sie mich bitte nicht falsch, ich war mit ganzem Herzen Mama, aber es tat auch gut, die Mary in mir wieder ins Scheinwerferlicht zu lassen.

Mitte der Neunziger traf ich Michael Reinecke wieder, und die Zeit war reif für eine erneute Zusammenarbeit. Seitdem er «Aufrecht geh'n» für mich geschrieben hatte, waren dreizehn Jahre vergangen. Wenn das kein Glück bringen würde! Jetzt nahmen wir den Hoffmann & Hoffmann-Song «Rücksicht» auf und nannten auch das Album so. Ich weiß nicht mehr, in wie viele Sendungen ich mit diesem Titel eingeladen worden bin. Ich sang ihn bei *Musik liegt in der Luft,* beim *MDR-Schlagerfrühling,* in der *Aktuellen Schaubude,* bei der Geburtstagssendung für *Heidi Kabel,* bei *Tony Marschall* und zwischen den Rabatten des *ZDF-Fernsehgartens,* und immer fühlte es sich gut an, dieses anspruchsvolle Lied interpretieren zu dürfen. Ein anderer Song auf dem Album hieß «Neues Spiel, neue Chance, neues Glück». Ein besseres Motto für einen beruflichen Neustart konnte es kaum geben.

1999 veröffentlichte ich das Album *Mittendrin,* das wieder unter der Federführung von Michael Reinecke entstand. Als letztes Stück, der sogenannte Bonustrack, erschien darauf ein flottes brasilianisch anmutendes Stück, das Reinecke zusammen mit Alexander Menke geschrieben hatte. Dass dieses «Schlusslicht-Lied» so erfolgreich werden würde und fortan bei keinem meiner Auftritte fehlen durfte, hätte ich nicht gedacht. «Einmal um die Welt» riss meine Zuhörer regelmäßig vor Freude klatschend und tanzend von den Sitzen. In Sachen Polonaise hätte ich Gottlieb Wendehals damit locker Konkurrenz machen können – das Publikum liebte das Gute-Laune-Stück über die Maßen.

Diese Platte eröffnete mit «Leider lieb ich dich immer noch», einem meiner bekanntesten Titel aus dieser Zeit. Wie es zu der Aufnahme kam, muss ich auch noch schnell erzählen, dann hat es sich aber mit dem Ausholen, versprochen!

Während wir mit der Albumproduktion beschäftigt waren, kam der musikalische Leiter von Howard Carpendale, Joachim Horn-Bernges, mit der Idee auf mich zu, den damaligen Hit «Believe» von Cher in einer deutschen Adaption zu veröffentlichen. Ich war ehrlich und fragte ihn, ob er mich tatsächlich in einer Dance-Pop-Nummer höre, und er meinte, er sei hundertprozentig davon überzeugt, dass mir der Sound bestens zu Gesicht stünde. Der Song hatte ein Jahr zuvor weltweit die Charts gestürmt, sicher auch durch einen technischen Kniff, den die amerikanischen Produzenten erstmals hörbar machten. Beim Mix des Songs setzten sie ein Effekt-Gerät namens Auto-Tune ein, mit dem man Gesangsspuren digital in der Tonhöhe manipulieren konnte. Die Produzenten Mark Taylor und Brian Rawling nutzten Auto-Tune in «Believe» aber nicht, um Chers Gesang zu korrigieren, sondern um ihrer Stimme und der Refrainmelodie einen musikalischen Wow-Effekt zu verleihen. Das hatte vor ihnen noch niemand gemacht. Durch Auto-Tune bekam die Stimmfarbe etwas Ungewöhnliches, sehr Modernes und verlieh dem Song einen nie da gewesenen neuen Sound. Durch den großen Erfolg dieser Manipulation nannte man das in der Folge nur noch den *Cher-Effekt.* Es reizte mich ungemein, das auch einmal auszuprobieren. Horn-Bernges und ich verabredeten uns zu einer Testballon-Aufnahme im Tonstudio. Ich sagte ihm, wenn es nix werden würde, fände er sicher eine andere Sängerin für das Projekt. Gesagt, getan. Ich kam ins Studio, sang den Titel einmal zu einer Art Basis-Playback, und als ich am Ende vom Notenpult in der Gesangskabine aufsah, erblickte ich hinter der Glasscheibe nur strahlende Gesichter. Das ganze Aufnahmeteam war begeistert. Also gut, dachte ich, sang noch eine weitere Spur und überließ den Produzenten die Fertigstellung. Der Rest ist Geschichte. «Leider lieb ich dich immer noch» wurde ein Hit für mich und lief im Radio rauf und runter.

So – nu is' aber wirklich genug zurückgespult. Jetzt kommt's: Für dieses Album wurde wie üblich eine Fotosession gemacht, für Pressearbeit und CD-Cover, denn das Auge isst ja immer mit – auch beim Plattenkauf. Der Fototermin sollte spontan um einen TV-Dreh erweitert werden; kein Problem für den Fotografen Manfred Esser, der nach dem Fotoshooting ausgiebig für die bevorstehenden Aufnahmen des Kamerateams einleuchtete. RTL wollte einen Beitrag über mich für die tägliche, von Frauke Ludowig moderierte Sendung *Exclusiv – Das Starmagazin* machen. Weil Klappern schon immer zum Handwerk gehörte, sprach nichts dagegen, die Fotosession von einem Filmteam begleiten zu lassen und meine Version von Chers Song in diesem Ambiente für RTL einzufangen.

Als Fotos und Video im Kasten waren, fuhr ich erschöpft, aber zufrieden am späten Nachmittag ins für mich gebuchte Hotel. Dort nahm ich ein ausgiebiges Bad und knipste danach entspannt den Fernseher an. Obwohl ich mir ungern selbst bei der Arbeit zuschaue, dachte ich, warum nicht mal kurz in das RTL-Magazin reinzappen? Ich war schlichtweg neugierig, welche «Stars aus aller Welt» in der Folge zu sehen waren. Kaum hatte ich den Sender gefunden, sah ich auch schon Frauke Ludowig. Schick frisiert, im eng anliegenden Kostüm zum professionellen 18-Uhr-30-Lächeln, die mich mit folgenden Worten anmoderierte:

«Und jetzt, meine Damen und Herren, die Schlager-Oma Mary Roos.»

Ich dachte, ich höre nicht recht. Schlager-Oma? Wie um alles in der Welt kam Frau Ludowig auf die Idee, ich könnte ergreist sein? Ich war gerade erst fünfzig geworden, mein Fahrgestell gänzlich rostfrei, und Birne, Bauch, Beine, Po in tadelloser Verfassung. Und dass mein dreizehnjähriger Sohn mich heimlich zur Großmutter gemacht haben könnte, war höchst unwahrscheinlich. Die kühle Blonde moderierte die Sendung bereits seit 1994. Allerdings hieß das Boulevard-Magazin da noch *Explosiv* … und genauso fühlte ich mich jetzt – hochexplosiv und geladen bis zum Anschlag. Boah, war ich sauer! Normalerweise gehe ich in solchen Momenten in den Wald und schreie Bäume an, hier im Hotelzimmer musste nun die Stehlampe herhalten. Ich kann handzahm sein, aber wenn man mich derartig reizt, spielt man mit dem Feuer. Am nächsten Tag machte ich ein paar Anrufe und besorgte mir die Mobiltelefonnummer der Moderatorin, wählte, und es entwickelte sich folgender Dialog:

«Hallo, Frau Ludowig, mein Name ist Mary Roos ...»

«Woher haben Sie meine private Handynummer?»

«Das tut nichts zur Sache. Ich verspreche Ihnen, dass ich den Zettel, auf dem ich Ihre Nummer notiert habe, direkt nach diesem Telefonat aufessen werde!»

Ich erklärte ihr, wie ich über Stutenbissigkeit dieser Art dachte, dass mich ihre frauenfeindliche Moderation geärgert habe und dass sie wissen solle, dass sie mich damit sehr verletzt habe. Das verschlug ihr wohl die Sprache, und das ist auch verständlich, denn beim Fernsehen kann sie alle Texte vom Teleprompter ablesen – jetzt hatte sie noch nicht mal einen Spickzettel parat. Ich legte auf und warf den Zettel mit ihrer Nummer in den Mülleimer. Den Magen wollte ich mir nicht auch noch verderben.

Diese Geschichte habe ich bisher noch nie erzählt, sie beschäftigt mich aber noch heute. Manche Gemeinheiten verjähren nicht. Vielleicht hilft es ja, darüber zu sprechen? Ich habe jedenfalls ein gutes Gefühl dabei, Ihnen dieses Erlebnis anzuvertrauen.

Inzwischen hat jemand kräftig an der Uhr gedreht. Das Ganze ist nun 23 Jahre her, und ich bin immer noch nicht zur Großmutter gemacht worden. Frauke Ludowig ist mittlerweile 58, also acht Jahre älter, als ich es damals war, und bringt weiterhin unverzagt allabendlich die Hochs und Tiefs der Promis *exclusiv* in die Wohnzimmer der Republik. Vielleicht rufe ich sie doch noch mal an? Seit einiger Zeit schießt mir nämlich des Öfteren eine Frage durch den Kopf, die ich ihr zu gerne stellen würde:

«Liebe Frau Ludowig, darf ich Sie denn jetzt Moderations-Oma nennen?»

Unbemannt

Wer hat eigentlich diese Unsitte eingeführt, Menschen ab fünfzig aufwärts zum alten Eisen zu zählen? Wie doof ist das denn? Die Spatzen pfeifen doch von allen Dächern: Fünfzig ist das neue dreißig! Und die Aufhübschungsindustrie verdient sich dadurch dumm und dusselig, weil keiner mehr so aussehen will, wie er von der Natur geschaffen wurde. Wenn du aber mit Ü50 arbeitslos wirst, interessiert es niemanden, was du auf dem Kasten hast, denn von nun an giltst du als schwer vermittelbar. Der Lebenslauf offenbart nämlich dein Herstellungsdatum. Seit Neuestem ist auch siebzig das neue fünfzig. Ich habe mir vorgenommen, der Frau im Spiegel täglich ein Lächeln zu schenken, wenn ich sie sehe. Ob das schon Altersmilde ist oder Tiefenentspannung, kann ich nicht sagen, ich war noch nie Ü70. Für mich ist das Neuland. Meine Mutter hätte übrigens Leuten, die Altersauslese betreiben, den Vogel gezeigt. Nie hätte sie akzeptiert, mit fünfzig für verschrottbar erklärt zu werden. Das Leben ging ihrer Meinung nach erst mit vierzig los; als Teenager verstand ich nicht, was sie damit meinte. Ich hatte lange mit verklemmter Schüchternheit zu kämpfen und lehnte mich später gerne an die vermeintlich starken Schultern meiner Partner. Erst mit

Julians Geburt begann ich tatsächlich, das Leben in vollen Zügen zu genießen, und begriff: Meine Mutter hatte recht! Von Kindesbeinen an war ich auf Tournee gewesen und deshalb wohl erst mit Ende dreißig spätpubertierend. Zwar ohne Pickel oder hormonelle Verwirrungen, aber dennoch auf der Suche nach meiner Weiblichkeit. Ab vierzig wusste ich genau, was ich wollte, fühlte mich in meinem Körper zu Hause und war mir meiner selbst sicher und bewusst. Ich hatte zwei Ehen hinter mir, gehörte aber nicht zu den Frauen, die ihren Verflossenen nachsagen, sie hätten ihnen die besten Jahre ihres Lebens geraubt. Das ist Quatsch. Es gibt eben Beziehungen, die nicht für die Ewigkeit gemacht sind, und zum Tango gehören immer zwei. In den seltensten Fällen «is et nur einer schuld», wie man im Rheinland sagt, und wenn doch, dann tut es gut zu wissen: Die Seele wächst mit ihren Aufgaben. Wenn bei mir etwas schiefging, war ich immer für «Krönchen richten und weiter!». Damit bin ich bis heute gut gefahren. Ich schaue nicht zurück. Ich nehme immer den Vorwärtsgang, und ja – das klappt auch sehr gut ohne Führerschein.

Dass mich Frau Ludowig in ihrer Anmoderation aufs Altenteil geschickt hatte, ärgerte mich übrigens nicht nur ob der Fünfzig, die ich damals auf dem Tacho hatte, sondern in erster Linie, weil mir Achtsamkeit, Wertschätzung und Solidarität untereinander so wichtig sind. Gerade Frauen sollten sich gegenseitig unterstützen und zusammenhalten. Heutzutage würden frauendiskriminierende Aussagen in der Öffentlichkeit im Handumdrehen die MeToo-Bewegung auf den Plan rufen; in der Hinsicht hat sich zum

Glück hierzulande etwas getan. In Sachen Gleichstellung der Frau darf's aber gerne noch ein bisschen mehr sein. Es ist doch unmöglich, dass Frauen immer noch weniger Geld verdienen als Männer, und auch, dass scheel geguckt wird, wenn Frau einen jüngeren Mann an ihrer Seite hat. Wenn die Herren der Schöpfung sich mit Damen zeigen, die ihre Töchter sein könnten, werden sie von ihren Rudelkollegen beneidet. Sie ernten Schulterklopfen und Anerkennung und gelten als tolle Hechte. Hat eine Frau 'nen Jüngeren, zieht sie dagegen Spott und strafende Blicke auf sich. Ich weiß sehr gut, wie sich das anfühlt, denn zur Zeit meines explosiven RTL-Erlebnisses war ich noch mit einem jüngeren Mann verbandelt. Er war Kameramann beim Hessischen Rundfunk. Wir führten eine Fernbeziehung, glücklich und getrennt von Tisch und Bett, denn Andreas lebte und arbeitete in Frankfurt.

Wir hatten uns während der Produktion einer Fernsehsendung auf einer Ostseekreuzfahrt kennengelernt, wo er mich eines Tages ansprach. Wir näherten uns einander vorsichtig; ich wollte geklärte Verhältnisse, bevor ich mich auf etwas Neues einließ. Das hieß für mich: erst mal ordentlich geschieden sein. Erst wenn ich von Amts wegen Freifrau wäre, wollte ich mit ihm ausgehen. So machten wir's dann auch. Ich liebte unsere Verabredungen zu Rendezvous, unsere gemeinsamen Reisen mit Julian und den Freiraum, den wir einander dadurch gaben, dass wir nicht ständig aufeinandergluckten. Über den Altersunterschied zwischen uns dachte ich nicht nach, und ich wäre schon damals nicht auf die Idee gekommen, nachts ein Tuch über die Nachttischlampe zu hängen, um mich in schummrigem Gnadenlicht zu zeigen. Gesungen habe ich aber darüber: «Was zählen neun Jahre in den Köpfen der Leute ... was zählen neun Jahre in der Moral von heute ...?»

Ich war der Meinung: Wenn es sich gut anfühlt, dann ist es richtig. Die Hauptsache ist doch, dass der Deckel zum Topf passt. Und er passte lange Zeit. Nachdem Andreas und ich beschlossen hatten, getrennte Wege zu gehen, habe ich meine Herztür im Laufe der Jahre für den einen oder anderen Mann wieder geöffnet. Ich muss aber ehrlich sagen, dass ich mich auch ohne zwei Zahnbürsten im Becher ganz wohlfühle. Mir gefällt es, unabhängig zu sein und nur für mich selbst verantwortlich. Natürlich hätte ich nichts dagegen, wenn noch mal einer käme, der mir anhaltend Herzklopfen verschaffte. Ich habe gelesen, dass der Blitz bisweilen mehrfach in ein und dasselbe Haus einschlägt. Ich bin für alles offen und unter uns auch gut versichert. Komme, was da wolle, mir geht's auch sehr gut unbemannt.

Ich hab die Lizenz zum Verlieben
aber ich komm nicht dazu
ich weiß, dass ich könnte, doch bis zur Rente
brauch ich kein zweites Paar Schuh
auf meiner Dreckfangmatte
auch kein' Doppelnamen an der Tür
denn was noch so dranhängt an einer Krawatte
das habe ich hinter mir

Ich hab geliebt, ich hab gelacht
aus jedem Du ein Wir gemacht
ich bin so oft gegen verschlossne Türn gerannt
Ich hab geliebt, ich hab gedacht,
dass mich nur ein andrer glücklich macht
bis ich verstand: das Glück an sich ist unbemannt

Bist du grad frisch geschieden
hast du noch Gnadenfrist
doch nach kurzer Dauer wird der Wind rauer
da fragt man nur, was mit Anschluss ist
sagst du: «Nicht unter der Nummer!»
tuscheln die Paare schon
das macht die Sportsfreunde keinen Deut stummer
die sehn dich als halbe Portion

Du hast geliebt, du hast gelacht
aus heißer Luft ein Schloss gemacht
Pferde gestohln, Bäume gepflanzt, in fester Hand
Du hast geliebt, du hast geglaubt,
dass niemand dir dieses Glück abstaubt
und dann erkannt: das Glück an sich ist unbemannt

Ich will nicht ohne Liebe leben
Doch warum fest vor Anker gehen
wenn sich die Wellen senken und heben
dann will ich am Ruder stehn

Ich hab geliebt, ich hab gelacht
aus jedem Du ein Wir gemacht
jetzt bin ich ich, unabhängig, am Lebensstrand
Ich hab geliebt, ich hab gedacht,
dass mich nur ein andrer glücklich macht
bis ich verstand: das Glück an sich ist unbemannt
es ist in mir, das Schiff zum Glück ist unbemannt

Am Anfang der besten Geschichten

Das Glück an sich besang ich auf meiner letzten Tournee und moderierte das Lied bei den Konzerten an mit: «Meine Herren, Sie müssen jetzt ganz tapfer sein, der nächste Song heißt ‹Unbemannt›.» Der eine oder andere im Publikum zuckte da bisweilen erschrocken zusammen, weil er mutmaßte, ich hätte Probleme mit dem starken Geschlecht. Ich möchte deshalb hier die Gelegenheit ergreifen und Ihnen versichern: Ich hab nix gegen Männer. Im Gegenteil – ich finde sie gut, ich liebe Männer. Vor allem, wenn sie in der Beziehung Partner sind und keine Polizisten, und ich stimme Herbert Grönemeyer absolut zu, wenn er sagt: «Männer sind auch Menschen.» Allerdings sang er auch «Männer sind etwas sonderbar ...», das lass ich mal so stehen. Frauen ticken manchmal auch nicht ganz richtig, und das ist gut so. Das Leben wäre doch sonst strunzlangweilig. Es soll aber auch Frauen geben, die aufgrund schlechter Erfahrungen eine heftige Männerallergie entwickelt haben und schon beim Anblick von Oberarmmuskelmasse mit Schnappatmung reagieren. Ich hingegen habe mir manches Mal einen solchen aufgepumpt aussehenden Popeye-Begleiter Marke Türsteher an meiner Seite gewünscht. Rein beruflich, versteht sich. Ich möchte

Ihnen von einem Gastspiel erzählen, das ich ein paar Jahre nach der deutsch-deutschen Wiedervereinigung erleben durfte – in Sachsen-Anhalt. Angereist war ich zu diesem Engagement in Begleitung meiner Sekretärin Angelika Knüfken und ihrem Mann, der als Fahrer fungierte. Frau Knüfken war für Werner tätig gewesen, und ich hatte sie nach meiner Babypause gefragt, ob sie sich vorstellen könne, auch für mich zu arbeiten.

Im tiefen Osten angekommen, steuerten wir zuerst zum Soundcheck und der vorm Konzert üblichen Probe mit der örtlichen Band den Veranstaltungsort an. Mir fiel sofort auf, dass nur drei Musiker auf der Bühne saßen. Laut Vertrag sollten es mindestens sechs sein. Ich trat zu der Zeit mit Arrangements auf, die für eine vierköpfige Band und zwei Bläser geschrieben worden waren. Nachdem wir den Veranstalter begrüßt hatten, fragte ich den breit sächselnden Mann, wann denn die anderen Musiker zur Probe kämen, worauf er sagte: «Nu, isch dachde, Sie gomm mit Band!»

Im ersten Moment meinte ich, mich verhört zu haben, aber er hatte tatsächlich Band gesagt. Band mit A. Nun gut, im Gastspielvertrag stand wortwörtlich, dass ich «mit Band» auftreten würde. Damit war aber *eine Band* gemeint, also Englisch für Musikgruppe. Als ich dem Veranstalter sagte, dass ich gemäß Vertrag von einem Begleitensemble ausgegangen war, fragte er: «Ham Se denn geen Gasettenrekorder dabei?»

Nee, hatte ich nicht, aber einen Stapel Noten unterm Arm für DIE BÄÄÄND!

Ich versuchte ruhig und tief zu atmen und steuerte zuversichtlich auf die Drei-Mann-Combo zu, begrüßte die Herren freundlich und sagte: «Ich habe hier das Notenmaterial. Wir können ja mal gemeinsam überlegen, welche Lieder auch in Trio-Besetzung spielbar sind.» Daraufhin erklärten mir die Herren, für Künstlerbegleitung seien sie nicht gebucht, und Noten lesen könnten sie auch nicht. Na prima!

Auf den Schreck bat ich den Veranstalter um ein Wasser.

«Nu glar!»

Irgendwie gelang es mir, mit den Musikern ein Repertoire von Liedern zu erarbeiten. Das sollte später hinhauen, ohne dass ich mich blamieren würde. Frau Knüfken rang derweil verbal mit dem Veranstalter um die Gage, die laut Vertrag schon vor dem Auftritt den Besitzer wechseln sollte. Währenddessen verabredete ich mit Herrn Knüfken, dass er zu gegebener Zeit mit laufendem Motor am Hallenausgang warten solle, um uns direkt nach dem Auftritt im Fluchtwagen aufzunehmen.

Als Garderobe hatte man mir ein Hinterzimmer der Halle zugedacht. Dort gab es weder einen Spiegel noch die Möglichkeit, mein Bühnen-Outfit aufzuhängen, geschweige denn zu bügeln, aber inmitten des Raumes auf dem Fußboden stand eine riesige Schüssel voll mit Wasser. Jetzt sah ich mich ernsthaft nach versteckten Kameras um. Das durfte doch nicht wahr sein. Waren wir hier bei *Verstehen Sie Spaß* gelandet? Ich hatte um ein Glas Wasser gebeten und eine Tränke bekommen. Ich war doch kein Pferd! Aber wer eine Band mit einer Bandmaschine verwechselte, der konnte auch annehmen, dass er ein Ross namens Mary engagiert hatte. Pferdeshows waren schon damals schwer im Trend.

Wie ich es schließlich geschafft habe, das Kurzprogramm mit dem Trio über die Bühne zu bringen, ist mir ein Rätsel. Manchmal schaltet man in ausweglos scheinenden Situationen auf Autopilot. Mit Ruhm bekleckerte ich mich aber nicht, und ich schämte mich auf der kilometerlangen Autofahrt zurück nach Hause für das, was ich zum Besten gegeben hatte. Gleichzeitig war ich aber einfach nur froh darüber, dass wir noch im abebbenden Schlussapplaus das Weite suchen konnten. Meine sieben Sachen hatte ich schon vor meinem Auftritt zusammengepackt und überließ die einsame Wasserschüssel ihrem Schicksal. Vielleicht hatte DIE BÄND ja Durst nach diesem Parcours ...?

Wenn ich heute daran zurückdenke, kann ich zum Glück darüber schmunzeln, aber es ist doch erstaunlich, was frau in der Unterhaltungsbranche so alles erleben kann.

Königin der Nacht

Lassen Sie mich bitte noch mal auf das inspirierende Thema Mann zurückkommen, denn Männer sind etwas Wunderbares. Man sollte immer ein Exemplar in greifbarer Nähe haben. Am besten einen Mann für jede Tonart: einen, der die Waschmaschine reparieren und Hühnersuppe kochen kann, einen zum Brötchenholen und Schaulaufen, einen zum Verreisen, einen fürs Fernsehsofa und einen für, Sie wissen schon ... vor allem aber sollte frau mindestens einen besten schwulen Freund haben, denn mit keinem anderen Mann kann man so entspannt und fröhlich shoppen gehen. Meine Versuche, mit Heteromännern in Fußgängerzonen auf Beutezug zu gehen, gingen jedes Mal aus wie das Hornberger Schießen. Dafür ist der Heteromann einfach nicht zu gebrauchen; er lahmt schon im zweiten Schuhgeschäft und muss dann ermattet vor der Umkleidegardine auf dem Höckerchen geparkt werden. Von dort aus findet er alles, was man ihm präsentiert, ungeachtet von Farbe und Schnitt «ganz schön» und daddelt dabei gähnend auf dem Smartphone herum. Nee, nee, shoppen geht man als Frau am besten nur mit dem homosexuellen Freund. Der sagt dann auch die Guido-Maria-Kretschmer-Sätze, die man so liebt, wenn man im unvorteilhaftesten Fähnchen vor ihm Pirouetten dreht:

«Das tut nichts für dich, Schatz!»

Und wenn *er* das sagt, dann ist man auch nicht beleidigt.

Mein bester Freund heißt Klaus Duch. Wir sind seit einer gefühlten Ewigkeit miteinander befreundet. Kennengelernt haben wir uns im Dezember 2001 (sagt Klaus – ich kann mir so was ja nie merken), unsere Freundschaft hat also schon über zwanzig Jahre auf dem Buckel. Kinder, wie die Zeit vergeht! Klaus hatte mich damals zu einer seiner Aids-Benefiz-Galas in die Sartory-Säle in Köln eingeladen. Ich glaube, er war ziemlich verblüfft, dass ich sofort zusagte, als er mich anrief. Für mich war das selbstverständlich. Ein Nein wäre gar nicht in die Tüte gekommen; die Gleichbehandlung von Schwulen und Lesben und überhaupt aller Mitmenschen, ob divers oder Normalo, lag mir schon immer am Herzen. Für mich sind alle Menschen gleich und liebenswert. Was unsere Inhaltsstoffe anbetrifft, kommen wir ohnehin alle vom selben Bäcker. Und der eine mag's eben süß und der andere eher salzig. Das ist alles.

Die ersten Fälle von an Aids Erkrankten wurden Anfang der Achtziger diagnostiziert. Manchmal habe ich aber den Eindruck, dass noch heute darüber aufgeklärt werden muss, dass man sich nicht durch Händeschütteln anstecken kann. Auch wenn die Medizin inzwischen weit fortgeschritten und die Krankheit therapierbar ist – es herrscht immer noch große Unsicherheit und Panikmache aufgrund von Unwissen in der Bevölkerung. Besonders homosexuelle Männer leiden nach wie vor unter Ausgrenzung und Häme. Da bist du lebensbedrohlich erkrankt und musst dich auch noch dafür beschimpfen lassen. Grausam. Es war für mich damals darum gar keine Frage, nach Köln zu Klaus' Aids-Gala zu kommen. Er hatte die Idee zu dieser Spendengala gehabt, und fünfzehn Jahre lang folgten die Promis seinem Ruf auf die Benefiz-Bühne. Als ich im Saal ankam und wir einander begrüßten, war es Liebe auf den ersten Blick. Wir mochten und verstanden uns auf Anhieb, und es fühlte sich an, als würden wir uns schon Jahre kennen.

Manchmal gibt es solche besonderen Begegnungen im Leben, bei denen man sich aus unerklärlichen Gründen sehr vertraut fühlt, obgleich man sich gerade erst getroffen hat. Vielleicht sind sich unsere Seelen schon vor Jahrhunderten begegnet? Ich schließe diese Möglichkeit jedenfalls nicht aus. Vielleicht verstehen wir uns so gut, weil wir beide in der Nähe des Rheins entsprungen sind, Klaus in Boppard und ich in Bingen. Wie dem auch sei, aus dieser ersten Begegnung erwuchs eine innige Freundschaft, die ich nicht missen möchte.

Klaus betrieb in den 2000ern in Köln noch eine Kneipe namens *Zur Zicke.* Vor allem rund um die Feierlichkeiten des jährlichen Christopher Street Days steppte in seiner Schwulenbar der Bär, und eines Abends fand ich mich inmitten dieser Community wieder. Selten flogen mir die Herzen so zu wie in dieser Nacht. Diesmal hatte ich tatsächlich ein Playback-Band dabei beziehungsweise eine CD und bat Klaus, sie zu starten. In der Kneipe war es pickepackevoll, also verschaffte ich mir spontan über eine

Bierkiste als Tritt Zugang zum Tresen. Von hier oben hatte ich einen super Blick auf das Party-Geschehen, und die Jungs konnten mehr von mir sehen als nur meine Haarspitzen. Als ich «Einmal um die Welt» anstimmte, tobte der Saal. Es war das einzige Mal in meinem Leben, dass ich ausgelassen auf einem Tresen tanzte. Tabledance ist sonst nicht meine Kernkompetenz.

Meine Tanzeinlage blieb der Presse verborgen, aber Klaus und ich sorgten dennoch für Schlagzeilen im *Kölner Express*. Ich war vor meinem Engagement beim CSD im Vorfeld interviewt worden; man wollte unter anderem wissen, was mich mit Köln verbindet, und ich hatte offenherzig geantwortet: «Ich habe einen guten Freund in Köln, den ich sehr liebe.» Prompt titelte das Blatt daraufhin: «Mary Roos liebt Kölner Travestie-Star!»

Ach so, das hab ich Ihnen noch gar nicht erzählt: Klaus ist nicht einfach nur Klaus, sondern eine Berühmtheit in Köln. Er ist bekannt und beliebt als *Lola Lametta*. Am Erscheinungstag der Zeitung wurde er morgens per Telefonanruf geweckt und vom Schreiberling gefragt, ob er die Schlagzeile kommentieren wolle, woraufhin er aus allen Wolken fiel, aus dem Haus zum nächsten Kiosk stürzte, um dann schwarz auf weiß zu lesen, was Sache war. Ihm rutschte das Herz in die Hose. Ich weiß noch, dass er mich in aller Herrgottsfrühe mit zitternder Stimme anrief und erzählte, was «Schreckliches» passiert sei. Er hatte allen Ernstes geglaubt, ich könnte über die uns angedichtete Blitz-Verlobung verärgert sein. Während aus der Muschel tönte, es täte ihm so leid, bekam ich vor Lachen kaum noch Luft und konnte mich nur schwer wieder beruhigen. Warum sollte ich sauer sein? Es war doch die Wahrheit. Ich liebte Klaus. Er musste lediglich seine Mutter beruhigen, die ihn fragte, ob es denn stimme, dass er Mary Roos heirate, worauf Klaus sagte: «Mach dir keine Sorgen, Mama, ich bin schwul.»

Unserer Freundschaft konnte das nichts anhaben – im Gegenteil, wir beschlossen, Flagge zu zeigen, und präsentierten uns strahlend als Braut und Bräutigam auf dem CSD-Umzugswagen in Köln. Lola im Brautkleid und ich im Anzug.

Ich amüsierte mich köstlich dabei, Kamelle zu werfen und dem Affen Zucker zu geben. Klaus sah als Lola wie immer umwerfend aus. Man konnte direkt neidisch werden. Lola war stets besser gestylt als jede andere Frau. Die besten Schminktipps in meinem Leben habe ich von Klaus bekommen, und wenn wir uns für den Abend zurechtmachen, ist er immer die Schönere von uns beiden. Er ist die Königin der Nacht.

> *Bei uns im Haus da wohnt ein Mann*
> *Der ganz anders als die andern leben kann*
> *Er wohnt neben mir und doch in einer fremden Welt*
> *Neulich Nacht hat er mir viel von sich erzählt*
>
> *Wenn's dunkel wird steht er erst auf*
> *Und dann legt er sehr geschickt sein Make-up auf*
> *Hohe Schuhe, bunte Kleider hat er ausgewählt*
> *Weil dort wo er hingeht nur die Schönheit zählt*

Er ist die Königin der Nacht
adieu Tristesse hier ist das Leben voller Pracht
so ist die Welt der Travestie
ein Wesen voller Phantasie
hier wird die Nacht zum Tag gemacht

Er ist die Königin der Nacht
liebt dieses Leben voll Magie und bunter Macht
er ist der Star im Cabaret
hat manchem schon den Kopf verdreht
er ist die Königin der Nacht

Was Spaß macht das erlaubt er sich
Enge Grenzen wie die andern kennt er nicht
Was die Frauen oft nicht wagen das macht er dir vor
Und das Ganze würzt er auch noch mit Humor

Er ist die Königin der Nacht
adieu Tristesse hier ist das Leben voller Pracht
so ist die Welt der Travestie
ein Wesen voller Phantasie
hier wird die Nacht zum Tag gemacht

Er ist die Königin der Nacht
liebt dieses Leben voll Magie und bunter Macht
er ist der Star im Cabaret
hat manchem schon den Kopf verdreht
er ist die Königin der Nacht

Zu schön, um wahr zu sein

Die Königin der Nacht» erschien auf meinem Album *Roosige Zeiten*. Als ich Klaus am Telefon erzählte, dass ich ihm ein Lied gewidmet habe, konnte er es kaum fassen. Ich glaube, er verdrückte sogar ein paar Glückstränchen. Das liebe ich übrigens auch an Männern: wenn sie Gefühle zeigen können. Die dauercoolen Typen sind mir irgendwie suspekt, vor allem angesichts der Tatsache, dass die Herzen der Männer größer sind als die der Frauen. Anatomisch betrachtet. So gesehen müssten eigentlich Männer die größeren Heulsusen sein. Sind sie aber nicht. Männer weinen nur im Notfall, wenn ihr Fußballverein absteigt oder der Börsenkurs fällt. Ansonsten verbieten sie ihren Augen das Baden in Salzseen. Schade eigentlich.

Klaus ist mittlerweile die Treppe hochgefallen, was seinen hochherrschaftlichen Rang anbetrifft. Er ist nun nicht nur Königin, sondern noch erhabener. Seine neue Bar in Köln heißt *Zur Kaiserin*. Ich hab's immerhin bis zur Prinzessin geschafft, und zwar beim Kinderfasching in Bingen. Die Jungs gingen immer als Cowboys oder Indianer, aber ich wollte mehr und trug rosa Tüll und Krönchen oder ging als Ungarin, als Holländerin mit Holzclogs und

Häubchen wie die spätere Käse-Frau Antje aus der Werbung. Ich erinnere mich, wie glücklich ich darüber war, dass mir meine Mutter dieses Kostüm genäht hatte, trotz ihrer ausgemachten Holländer-Phobie. Squaw war ich als Kind natürlich auch und dann viele Jahre später noch einmal in meiner eigenen TV-Show *Maryland* an der Seite von Duett-Partner Karel Gott als Winnetou. Karel ist leider schon in die ewigen Jagdgründe abberufen worden, genau wie Udo Jürgens, beide wenige Monate nach ihren achtzigsten Geburtstagen. Sie waren fantastische Sänger, tolle Kollegen und immer für einen Spaß zu haben. Es gibt ein Foto von Udo und mir beim Songfestival in Knokke von vor gefühlt tausend Jahren; wir vertrieben uns die freie Zeit damit, in einem Kettcar durch die Stadt zu strampeln. Auch von Häuptling Karel und mir gibt es einen Schnappschuss; ich muss sagen, die fremden Federn standen uns echt gut.

Ich kann mir vorstellen, dass Karel gerade über den Wolken sitzt und «Einmal um die ganze Welt ...» zu Udos Pianobegleitung singt. Irgendwann werde ich zu ihnen stoßen und fröhlich zur Begrüßung «Aber bitte mit Sahne ...» schmettern. Vielleicht als Erdbeerbecher verkleidet? Rot steht mir sehr gut, und Erdbeere war ich noch nicht. Es wird doch hoffentlich auch im Jenseits närrisches Treiben geben? Wenn nicht, mache ich sofort auf dem Absatz kehrt.

Rosenmontag und Faschingsdienstag waren in unserer Familie von jeher hohe Feiertage und gleichbedeutend mit Weihnachten. Wir fieberten immer schon das ganze Jahr den *jecken* Tagen entgegen. Ich vermute, dass ich deshalb so gerne auf den CSDs zu Gast bin; diese bunte Vielfalt der Regenbogenparaden kriegst du sonst nur auf Karnevalsumzügen zu Gesicht. Wer nicht aus den einschlägig bekannten Faschings- oder Karnevalshochburgen kommt, kann nur schwer nachvollziehen, dass die fünfte Jahreszeit die wichtigste im Jahr ist. In Hamburg wird brüskiert geguckt, wenn du kostümiert auf die Straße gehst. In Mainz oder Köln aber ist es Brauch, ab Altweiberfasching mit Pappnase Bus und Bahn zu fahren. Man sieht jede Menge sehr ernst dreinblickende, aber bis zum Hals kostümierte Menschen frühmorgens zur Arbeit fahren, die Frauen stürmen die Büros der Kollegen und Chefs und schneiden ihnen die Krawatten ab. Die Schaufenster der Innenstädte sind mit Holz verkleidet, damit im Feierüberschwang der nächsten Tage nichts zu Bruch geht. Es wird geherzt und gebützt, also geküsst, bis der Arzt kommt, und so mancher liegt dann tatsächlich am Aschermittwoch mit *Bützfieber* im Bett, denn in der Regel fällt die närrische Zeit auf eiskalte Tage im Februar oder März.

Für die Kolleginnen und Kollegen der kostümpflichtigen Unterhaltungsindustrie ist das die Hauptsaison. Einzig Corona oder Tornados können sie daran hindern, von Sitzung zu Sitzung zu ziehen und als Büttenredner, Tanzgruppe oder Mundart-Band sechs bis zehn Kurzauftritte hintereinander pro Abend zu spielen. Dafür haben sie meinen größten Respekt. Früher wurde zwischen den Gigs auch ordentlich gebechert. Heute sind die meisten alkoholfreie Veganer mit Elektrozigaretten-Betrieb. Mit Currywurst, Kölsch und blauem Dunst ließe sich dieses Pensum kaum durchhalten.

Als kleine Rosemarie sang ich in der Stadthalle Bingen zur Saalfastnacht; mit Helau und Alaaf begann meine Karriere. Eine närrische Stimmungskanone ist dennoch nicht aus mir geworden, aber man muss ja auch nicht auf allen Hochzeiten tanzen – obwohl es, wenn ich's recht bedenke, doch jede Menge waren. Ich habe mich oft gehäutet. Wenn ich alleine meine Frisuren Revue passieren lasse, muss ich lachen. Es war wirklich alles dabei, was man sich vorstellen kann: von geflochtenen Zöpfen über Föhnwelle, von streichholzkurz bis Vokuhila, von hochtoupiert bis Pagenkopf und von brünett bis blond. Meine Autogrammkarten spiegeln die Frisurenmode von den Fünfzigerjahren bis ins neue Jahrtausend wider, und auch musikalisch wandelte ich mich ständig, vom Kinderlied zum Chanson über Schlager zu Pop und Kabarett. Laut meiner Fanclubleiterin Gerda Ebert nahm ich über 600 Titel auf; gezählt habe ich sie nie, aber wenn Gerda das sagt, muss es stimmen! Gerda weiß alles über mein liederliches Leben, und das seit nunmehr über fünfzig Jahren. Wir lernten uns Anfang der Sechziger kennen, ich glaube, im Rahmen einer Bädertournee. Gerda war Anhängerin und Fanclubleiterin von Peter Rubin und wollte ihn backstage treffen, wurde aber von den Sicherheitsleuten daran gehindert. Ich bekam das mit und nahm Gerda kurzerhand mit hinter die Bühne. Wir waren uns gleich sympathisch und liefen uns daraufhin immer wieder bei Konzerten über den Weg. Irgendwann fragte ich sie, ob sie nicht Lust hätte, auch meine Fanclubleiterin zu werden. Gerda sagte Ja, und der Rest ist Geschichte. Seitdem hält sie Kontakt zu den Fans und ruft zu den jährlichen Treffen auf. Vor allem aber führt Gerda akribisch Buch darüber, wo ich wann mit wem und mit welchem Titel im Fernsehen und auf Platte war. Wenn ich längst nicht mehr auf'm Zettel habe, was ich wann gesungen habe – Gerda ist im Bilde. Diese Akribie hätte ich nie. Dass Gerda so wunderbar Infos hamstern kann, ist mein Glück. Ohne sie wäre dieses Buch wahrscheinlich maximal zehn Seiten lang.

In den 2000er-Jahren war ich laut Gerdas marydialer Buchführung in rund 500 TV-Sendungen zu Gast. Ich werde den Teufel tun und hier alle auflisten, das wäre so was von langweilig. Ich gähne schon bei dem Gedanken daran. Es waren die üblichen Schlagermusikshows und Talksendungen, in denen sich auch alle anderen Profis im Musikgeschäft regelmäßig die Klinke in die Hand gaben, von Frühstücksfernsehen bis Hüttenzauber, Frühlings-Sommer-

Herbst-und-Winter-Motto-Shows und allen gängigen Vorabendformaten wie *Brisant* oder *DAS!* und so weiter. Der ganz normale Wahnsinn eben. Aber ein paar außergewöhnliche waren immer dabei, zum Beispiel die öffentlich-rechtliche Klatsch-und-Tratsch-Sendung *Blond am Freitag* mit Moderator Ralph Morgenstern, der knallfarbige Jacketts trug und sogar mal als Huhn verkleidet auftrat. Zu jeder Sendung waren vier prominente Frauen geladen, die sich zwischen bunten Drinks, Häppchen und obligatorischem Käse-Igel über das Neueste vom Neuen aus der Welt der Reichen und Schönen, Möchtegerns und Adligen austauschten. Es wurde laut gelacht und mit vollem Mund gelästert, was das Zeug hielt, besonders wenn Kabarettistinnen mit am Tisch saßen und im Laufe der Sendung über «die blonden Männer der Woche» herzogen. Dieter Bohlen bekam hier regelmäßig sein Fett ab. Ich amüsierte mich jedes Mal köstlich in Gesellschaft von Powerfrauen wie Hella von Sinnen, Susanne Fröhlich, Gabi Decker, Lilo Wanders oder Manon Straché.

Hella hatte ich Anfang der Neunziger in der RTL-Comedy-Spielshow *Alles Nichts Oder?!* kennengelernt, die sie, in schrillste Kostüme gesteckt, zusammen mit Hugo Egon Balder moderierte. Die Sendung endete jedes Mal in einer Tortenschlacht.

Nicht dass Sie jetzt denken, ich sage nur Sendungen zu, bei denen die Versorgungslage gesichert ist. Ich kann, wenn's sein muss, auch ohne Kalorienzufuhr, aber Tatsache ist, dass die großen Sendungen in der Regel in Fernsehanstalten oder Riesenhallen produziert werden. Da wird sich streng an Kantinenöffnungszeiten gehalten –

und bedeutet in der Praxis, dass die Kantine zu ist, wenn du Hunger hast. Also bleiben nur die welken, mit wasserziehenden Gürkchen belegten Brötchenhälften in den provisorischen Künstlergarderoben, die wahlweise aus hasenstallgroßen, mit schwarzem Molton abgehängten Parzellen bestehen oder, wie beim *ZDF Fernsehgarten,* aus grauen Umkleidecontainern aus Metall. Die sind besonders im Hochsommer bei 30 Grad Außentemperatur ein Erlebnis. Wenn Sie wüssten, wie viele Schokoriegel ich da schon habe davonlaufen sehen. Also schmiere ich mir selbst eine Stulle, damit ich nicht im Proben- und Sendungsmarathon hungrig vom Stängel falle.

Dass ich gerne esse, hat sich dann auch im Laufe der Jahre bei den Fernsehschaffenden herumgesprochen, denn ich wurde vermehrt in Kochsendungen eingeladen. Das war toll! Bei Alfred Biolek, Johann Lafer und Horst Lichter war leckeres Essen garantiert. In *Alfredissimo* kochte ich mit Bio japanisch; es gab *Sukiyaki,* und ich esse heute noch von Tellern, die er mir nach der Sendung schenkte. Sechs Ess- und sechs große Suppenteller, und einen Kochbuchhalter gab's obendrein. Soll noch mal einer sagen, Fernsehsendungen lohnten sich nicht. Ich wurde reich beschenkt, und satt wurde ich auch.

Nur einmal war ich zu Gast in einer Sendung mit dem Titel *Bitte nicht füttern.* Da ging's aber zum Glück nicht um mich, sondern um das liebe Vieh in Hagenbecks Tierpark. In meinen vier Wänden verbitte ich mir Schilder mit dieser Aufschrift.

Ich habe überall im Haus meine Futterplätze, auch im Keller neben der Waschmaschine. Das sind reine Sicherheitsmaßnahmen – könnte doch sein, dass ich urplötzlich beim Sockenzusammenlegen unterzuckere. Darum ist immer etwas Süßes in Reichweite. Nach so einem Boxenstop nehme ich locker zwei Stufen auf einmal zurück nach oben.

Da fällt mir ein, dass ich auch mit Dirk Bach fürs Fernsehen gekocht habe, und zwar in meiner Hamburger Küche. Weil's da aber viel zu eng war für Kameramann, Kabelträger und uns Kochwillige, baute das Drehteam kurzerhand mein Küchenfenster aus und filmte von draußen nach drinnen. Dass ich das noch erleben durfte: Gleich mehrere Männer machten sich bei mir zum Fensterln auf! Gut, bei mir muss man keine Leiter anstellen, aber lustig war's doch. Dirk und ich standen Bauch an Bauch an meinem Küchentresen und erzählten und kochten kolumbianisch nach einem Rezept eines Freundes. Dirk schenkte mir einen aus Kronkorken und Draht geformten Flaschenhalter und das französische Retro-Reklame-Schild für *Absinthe Française,* das nach wie vor meine Küchenwand ziert. Mit der Knutschkugel Dirk habe ich mich auf Anhieb gut verstanden. Ich sehe ihn noch vor mir im Türrahmen stehen und mich anstrahlen. Ich glaube, Genussmenschen erkennen sich vorm ersten Hallo und bleiben im Schlemmer-Kosmos miteinander verbunden.

Dirk Bach war ein Mann mit großem Herzen. Er engagierte sich unter anderem für die Kölner Aidshilfe und sammelte unermüdlich Geld für die Entstehung und den Erhalt eines Hospizes für Aidskranke namens *Lebenshaus.* Es ist später völlig zu Recht nach Dirk benannt worden. In über zehn Jahre kamen mit den von ihm initiierten Benefiz-Shows 350000 Euro zugunsten der Kölner Aidshilfe zusammen, und auch ich hatte das Vergnügen, Teil dieser bunten Abende, die sich über Stunden erstreckten, zu sein. Konzept der Shows mit dem Titel *Cover me* war es, Popsongs in schrillen Kostümen und ungewöhnlichen Arrangements darzubieten, interpretiert von Promis aus allen möglichen Genres. Von Moderatorinnen über Schauspieler, Comedians, Stars, Sternchen und Sportler war alles dabei, und es war vor allem völlig unerheblich, ob jemand singen konnte oder nicht. Die hervorragende Band und das ausgezeichnete Technikteam garantierten fulminante Shows im stets ausverkauften Haus, und das Publikum feierte dieses Spektakel frenetisch.

Von Dirks Tod mit nicht einmal 51 erfuhr ich auf hoher See. Hella rief mich an und sagte: «Dicki ist gestorben.» Das ist jetzt zehn Jahre her, aber mir kommen immer noch die Tränen, wenn ich daran denke. Manchmal frage ich mich, warum das Schicksal die Menschen im besten Alter von der Lebensstraße holt. Aber es ist müßig, darüber nachzugrübeln. Letztlich gilt es, anzunehmen, was ist, auch wenn's noch so wehtut. Es gibt ein Lied von Trude Herr, in dem es heißt: «Niemals geht man so ganz, irgendwas von mir bleibt hier.» Das bringt es auf den Punkt. Was bleibt, ist weit mehr als ein Satz Teller oder ein Emailschild an der Wand. Menschen, mit denen wir uns verbunden fühlen, sind nicht einfach weg, sie behalten ihren Platz tief in unserem Inneren.

Puh, in diesem Kapitel kamen ganz schön viele Kollegen zur Sprache, die nicht mehr unter uns sind. Ich bin sehr dankbar, dass ich noch ein paar Runden auf diesem Erdball drehen darf, zumindest hoffe ich das. Mit der Zeit machen sich nämlich auch bei mir ein paar Gebrauchsspuren bemerkbar, und erst neulich verdonnerte mich Corny Littmann vom Hamburger Schmidt-Theater dazu, umgehend den von ihm empfohlenen Professor heimzusuchen, um mich mal von Kopf bis Fuß durchchecken zu lassen – Corny findet, alle paar Jahre müsste auch ich über'n TÜV. Na gut, wenn er meint ... ich mache das jetzt aus reiner Neugier, und es ist auch in Sachen Organspende nicht uninteressant, was mit meinem Innenleben los ist.

Seit ich von Hans Scherer für eine seiner Organspende-Galas engagiert wurde, bin ich nämlich überzeugte Organspendeausweisträgerin und seit Anfang der Siebzigerjahre auch als Botschafterin für Organspenden unterwegs. Ich fragte mich natürlich auch, ob Organspenden im Alter überhaupt noch möglich sind, aber dann wurde mir klar: Alle Bedenken in diese Richtung sind Quatsch. Meine Leber ist frisch wie der junge Morgen und meine Haut auch nicht zu verachten. Da wird schon etwas Verwendbares dabei sein – in dieser Beziehung kann man von mir alles haben.

Aber noch mal zu den 600 Liedern, die ich in meiner Karriere gesungen habe – nicht alle waren Gold, doch es waren auch ein paar echte Diamanten darunter. Ich hatte die Ehre, mit den besten Komponisten, Songwritern und Textdichterinnen arbeiten zu dürfen – am längsten sicherlich mit Michael Reinecke und Alexander Menke. Allein in den 2000er-Jahren entstanden mehrere Alben unter ihrer Regie. Wir sind einen langen, erfolgreichen Weg miteinander gegangen, bis ich das Gefühl hatte, wir haben alles erzählt.

Ich brauchte frischen Wind und war dankbar, dass Michael Reinecke meinen Wunsch nach Veränderung akzeptierte. Wir gingen beruflich auseinander, aber einige der Lieder, die er geschrieben hat, gehören nach wie vor zu meinen liebsten: «Aufrecht geh'n» und «Rücksicht», aber auch «Weiße Wolke», «Mein Sohn», «Einmal um die Welt» oder «Zu schön, um wahr zu sein».

Ich wäre gerne einmal du
und schaute mir aus deinen Augen zu
ich frag mich oft, was würd ich sehen?

Schaust du mich an mit viel Gefühl
oder eher distanziert und kühl
könnt ich mich selbst in dir verstehen?

Schenkst du mir wirklich dein Vertraun
kann ich mein Leben auf dich baun
kannst du vergessen und verzeihn?
Lässt du dich wirklich auf mich ein
oder wär das zu schön, um wahr zu sein?

Wär das zu schön, um wahr zu sein?

Stört dich in meinem Haar das Grau
bin ich für dich die allerschönste Frau
willst du gemeinsam mit mir leben?

Hältst du das Älterwerden aus
oder nimmst du irgendwann Reißaus
bist du bereit, dich ganz zu geben?

Glaubst du genau wie ich daran
dass Liebe ewig halten kann
bist du bereit, mir treu zu sein?
Tauschst du deine Freiheit für mich ein
oder wär das zu schön, um wahr zu sein?

Wär das zu schön, um wahr zu sein?

Immer, wenn ich dieses Lied singe, muss ich an meine Eltern denken. Sie hätten unterschiedlicher nicht sein können, passten aber zueinander wie Arsch auf Eimer ... hätte ich fast gesagt. Aber Sie wissen, was ich meine. Die beiden waren eins und schafften mit zwanzig Jahren Seite an Seite die Langstrecke in Sachen Beziehung. Wäre meine Mutter nicht gestorben, hätten sie sicher noch ihre Goldene Hochzeit gefeiert. Ich habe, was die Kilometer anbetrifft, in meinem Berufsleben bestimmt zehnmal die Welt umrundet, aber auf einen Liebeslangstreckenflug wie den meiner Eltern habe ich es nicht gebracht. Sagen Sie jetzt bloß nicht: Was nicht ist, kann ja noch werden! Ich weiß, man soll nie «nie» sagen, aber es ist doch wenig wahrscheinlich, dass ich morgen auf dem Markt am Gemüsestand dem flotten Achtziger meiner Träume begegne.

Wie lange woll'n Sie das noch machen?

Einer guten Freundin von mir passierte genau das – sie verliebte sich noch mal mit Ü70, aber soweit ich weiß, hat es nicht am Gemüsestand Zoom gemacht. Ich gehe jede Woche auf den Markt; bisher konnte ich zwischen Kartoffeln und Lauch nichts erspähen, was in mein Beuteschema gepasst hätte. Vielleicht habe ich aber auch nicht richtig geguckt? Ich bin immer mit der Gemüsefrau ins Gespräch vertieft und habe dann nur Augen fürs Grünzeug. Als ich das erste Mal bei ihr einkaufte, meinte sie, sie hätte mich fast nicht erkannt. Ich sähe so anders aus als im Fernsehen – worauf ich ihr erklärte, dass ich eben selten im Abendkleid Kohlrabi kaufen ginge. Das leuchtete ihr ein.

Ich bekam auch schon oft auf der Straße gesagt, ich sähe vieeeeeel besser aus als im Fernsehen. Das mag daran liegen, dass Fernsehen dick macht. Das ist wirklich so! Auf dem Bildschirm wirkt man mindestens fünf Kilo schwerer. Eigentlich müssten die Flatscreens daher Fatscreens heißen, denn egal, wie flach Bildschirm und Programm auch sein mögen, optisch kriegt jeder sein Fett ab. Wenn man sich überlegt, was Heidi Klums Möchtegern-Topmodels im richtigen Leben auf die Waage bringen dürfen, damit sie im Fernsehen *top* aussehen, bekommt die Bezeichnung Fliegengewicht eine ganz neue Dimension. Du musst quasi magersüchtig sein, um idealgewichtig auszusehen. Da konnte ich als junger Hüpfer gut mithalten, aber wenn ich heute in einer Talkshow sitzend von der Seite gefilmt werde, ist alles zu spät. Wer zu Rundungen neigt wie meinereiner, sollte TV-Shows nur noch im Stehen absolvieren. Dabei dürfte die Kamera keinesfalls auf die Füße schwenken, dann könnte Frau entspannt das Stöckeln sein lassen und stattdessen in Turnschuhen und dem streckendsten Outfit, das der Kleiderschrank hergibt, über den Bildschirm flimmern. Aber eher fällt in China ein Sack Reis um, als dass das passiert. Dank des modernen HD-Fernsehens bleibt dem Zuschauer leider rein gar nichts verborgen, weder Hüftspeckröllchen noch tiefe Poren, Nasenhaare oder mehr Schuppen auf Jacketts, als ihm lieb sind. Ein Glück, dass ich durch meinen Abschied vom großen Showgeschäft peu à peu davon Abstand nehmen kann. Wobei, wo ich das gerade so erzähle, fällt mir auf: Frau Ludowig tut's immer nur im Stehen bei *Exclusiv,* allerdings meist in schwindelhohen High Heels. Aber vielleicht kommt, während die Beiträge laufen, ein Assistent gesprungen und schiebt ihr einen Barhocker unter? Nichts ist unmöglich. Aber darüber wollte ich jetzt gar nicht sprechen, ist mir so rausgerutscht beim Thema aufrecht steh'n.

Erzählen wollte ich Ihnen, wie's weiterging, nachdem ich mich beruflich von Michael Reinecke getrennt hatte. Das letzte Album mit ihm hieß *Bis hierhin ... und weiter,* und es ging außergewöhnlich weiter für mich, denn eines Tages rief mich Christian Kellersmann an. Er war Chef der Jazzabteilung bei Universal Music und wollte mit mir arbeiten – das reizte mich ungemein. Wir schrieben das Jahr 2013, ich war inzwischen vierundsechzig, abenteuerlustig wie eh und je und empfand es als Geschenk, mit dem Produzenten und Jazzpianisten Roberto Di Gioia zusammenarbeiten zu dürfen. Mit *Denk was du willst* entstand ein Album, bei dem ich zum ersten Mal in meinem Musikerinnenleben in jeder Hinsicht Mitspracherecht hatte. In den Jahren zuvor hatte ich mit den Plattenproduzenten über Textinhalte diskutieren können, nicht aber über Musikrichtungen oder Arrangements. Bei Di Gioia konnte ich meine Ideen nicht nur einbringen, es wurde sogar von mir erwartet, dass ich sagte, wo's langgehen sollte. Ein echter Glücksfall! Wir nahmen auf nach der Devise: Erlaubt ist, was Mary gefällt.

So fand ich mich zwischen Jazz, Chanson und Bossa Nova wieder, wurde von Ausnahmetrompeter Till Brönner fürs Cover fotografiert, der auch den Song «Adrian» beisteuerte, und coverte Gregor Meyles Lied «Denk was du willst», das gleichzeitig auch eine Grußbotschaft an diejenigen war, die dachten, mich für immer in die Schlagerschublade stecken zu können.

Die Platte wurde bunt und chillig und vollkommen anders als alle anderen, die ich vorher aufgenommen hatte. In dieser besonderen Produktion konnte ich einmal mehr tun, was ich am liebsten tue – singend Geschichten erzählen. Es ist immer ein Vergnügen, Songtexte von hervorragenden Wortefindern und Textdichterinnen wie Jovanka von Wilsdorf oder Frank Ramond zu interpretieren. Als Sängerin mache ich die Worte der anderen zu meinen und schöpfe dabei aus meinem Farbenkasten, ich male Bilder mit den Worten. Bei diesem Album kreierte Roberto Di Gioia dazu den groovig-jazzigen Soundtrack. Ich fühlte mich rundum wohl, und auch die Produktionsumstände waren nach meinem Geschmack. Wir nahmen den überwiegenden Teil in Till Brönners Tonstudio auf und gingen jeden Mittag lecker italienisch essen. Es war, als hätten wir eine gemeinsame innere Uhr, die uns zu einer bestimmten Zeit synchron in die Augen blicken ließ, bis einer von uns sagte: «Gehen wir essen.» Das war keine Studioarbeit, das war Musikmachen, wie ich es mir erträumt hatte, und erstmals landete ich mit einem Album in den Jazz-Charts. Und damit nicht genug: Ich war auch zum ersten Mal in meiner Karriere als Solistin unterwegs. Fragen Sie mich bitte nicht, warum mir das erst mit Ü60 in den Sinn kam. Ich glaube, es liegt daran, dass ich ein ausgemachtes Herdentier bin. Ich habe Spaß daran, im Ensemble zu arbeiten, und muss nicht unbedingt vorne stehen. Auf den Hitparaden- und Bädertourneen und bei Shows wie im Pariser Olympia waren wir immer ein bunter Haufen von Sängerinnen und Interpreten. Das machte mir große Freude. Warum hätte ich daran etwas ändern sollen? Vor ein paar Jahren bin ich von einem *STERN*-Reporter gefragt worden, wie es sich anfühlt, immer die Frau in der zweiten Reihe zu sein. Ich erklärte ihm, dass es mir nie wichtig war, die erste Geige zu spielen oder auf dem Treppchen ganz oben zu stehen. Ich mag es, Teil eines Ganzen zu sein, finde Erfüllung durch das, was ich tue, und wollte obendrein immer Zeit fürs Familienleben haben. Dadurch setzte ich offensichtlich andere Prioritäten als im Musikgeschäft gemeinhin üblich. Bis zu dieser Jazzplattenproduktion hatte es sich jedenfalls nicht ergeben, dass ich alleine mein Ding machte. Jetzt war es aber so weit, und das war aufregend. Ich stellte ein besonderes Programm zusammen, in das ich nur Titel packte, die mir am Herzen lagen – vor allem die Chansons, die bei meinen Gastspielen in den letzten Jahren deutlich zu kurz gekommen waren, und mein Testballon «frankophile Solo-Clubtour mit Jazzquartett» konnte starten. Nick Flade spielte Piano, Christian Diener Bass, Ferdinand Kirner Gitarre und Thomas Käfel Schlagzeug. Wir legten los auf Sankt Pauli, in Hamburgs geschichtsträchtigstem Musikclub – dem *Gruenspan*. In diesem Laden sind Rock und Roll zu Hause. Hier kann der Fußboden ein Lied singen von durchtanzten Nächten in Bier- und Coca-Cola-Lachen, von Rockpartys und blauem Dunst. Als wir unseren Soundcheck machten, rauschten die Boxen wie anno dazumal, und ich zitterte wie Espenlaub, bevor ich auf die Bühne ging, denn ich betrat mit diesem Konzert Neuland. Wie sich herausstellen sollte, war meine heimliche Befürchtung, mit Pauken und Trompeten unterzugehen, völlig unbegründet, denn als das Scheinwerferlicht anging und ich das Gesangsmikrofon in meinen Händen hielt, war ich in meinem Element. Von da an ließ ich mich musikalisch einfach nur treiben. Jetzt gab's eh kein Zurück mehr. Das Publikum spendete euphorisch Applaus, die Presse war begeistert, und das Hamburger Abendblatt titelte: *Mary Roos – ein Auftritt wie ein Befreiungsschlag.* Das hieß: Feuertaufe bestanden.

Wir präsentierten natürlich auch die Songs vom neuen Album, wie Jacques Brels unvergessliches «Ne me quitte pas», das mich seit Jahrzehnten begleitet, und die von Jovanka betexteten «Sonntage», wo es heißt: «Ich kann Sonntage nicht leiden», was übrigens die reine Wahrheit ist, denn Sonntage sind Pärchentage. Da wird geturtelt und demonstrativ glücklich Hand in Hand spazieren gegangen. Da kannst du als Single zur seelischen Erbauung nicht mal shoppen gehen, weil die Läden geschlossen sind. Da bleiben dir nur das Sofa und der Fernseher und die XXL-Packung Fürst-Pückler-Eis und manchmal nachts ein trauriges Lied aus dem Radio.

Aber jetzt bin ich abgedriftet, ich war bei den Songs, die wir auf der Tour spielten. Da durfte Franks «Für jeden Mann den ich mal liebte» («... zünd ich heut Nacht ne Kerze an») nicht fehlen. Ich hatte Frank Ramonds Texte immer gemocht. Was er für Ina Müller, Barbara Schöneberger, Annett Louisan oder Roger Cicero geschrieben hatte, gefiel mir sehr, und ich hatte mir gewünscht, mit ihm zusammenarbeiten zu können. Frank jongliert in seinen Werken so wunderbar mit schwarzem Humor – das ist genau meins. Allerdings hatte ich auch Respekt vor unserer ersten Begegnung, die kurz vor dem Produktionsstart der LP bei mir zu Hause stattfinden sollte. Ich sagte ihm auch gleich an der Haustür, dass ich ihn immer für arrogant gehalten hätte und mir sein Zynismus eigentlich nicht ganz geheuer sei, dass ich seine Texte aber liebe, worauf er lachen musste. Das war der Beginn eines sehr vergnüglichen Nachmittags. Als er bei Kaffee und Kuchen wissen wollte, worüber ich denn singen möchte, erzählte ich ihm, dass ich in den letzten Jahren immer wieder von Journalisten gefragt würde, wie lange ich beruflich noch weitermachen wolle, und dass mir die Fragen, ob und wann man denn mit meinem Ruhestand rechnen dürfe, ziemlich auf die Nerven gingen. Und Frank sagte: «Na, da ham wir' s doch schon!»

Ein paar Tage später schickte er mir den fertigen Songtext, und ich musste erst mal heftig schlucken. Was ich ihm in Plauderlaune erzählt hatte, gipfelte im bitterbösen «Wie lange wolln Sie das noch machen?». Ich weiß, dass dieser Text dem einen oder anderen Zuhörer die Sprache verschlug. Mir auch beim ersten Lesen, und ich fragte mich ernsthaft, ob ich das wirklich so singen und veröffentlichen könne. Beim zweiten Lesen liefen mir dann aber schon die Lachtränen über die Wangen, und ich wusste, genau so und nicht anders würde ich den Titel aufnehmen, denn nicht nur Kindermund tut Wahrheit kund – mit Ü60 konnte ich mir den Spaß erlauben.

Man geht zur Schule und lernt fürs Leben
ergreift Berufe und greift daneben
man geht zur Bühne, singt ein paar Lieder
man testet Männer, man wird solider
man füttert Kinder rund zwanzig Jahre
zehn Jahre Eltern in Pflege nehm
und kurz danach im Handumdrehn
wird man selber zum Problem

Frau Roos, wie lange wolln Sie das noch machen
wie lange wolln Sie hier noch singen
all diese anstrengenden Sachen
von Liebe, Leid und solchen Dingen
wird man nicht irgendwann zu alt
ne tragisch komische Gestalt?

Die Geier warten schon an der Rampe
wann leuchtet endlich die letzte Lampe
dieses Getingel, wie lange trägt das
sind Sie die neue Johannes Heesters
ist das noch Comeback oder Revival
träum Sie noch etwa von Welttourneen
wie muss man diesen Song verstehn,
ist da ein Ende abzusehn?

Frau Roos, wie lange wolln Sie das noch machen
wie lange wolln Sie hier noch stehn
solche gefühlsbetonten Sachen
wolln das die Leute denn noch sehn
wer meint sie braucht das auf der Welt
ja, oder brauchen Sie noch Geld?

Sie sind doch über fünfzig was soll da noch passiern
wolln Sie sich neu inszeniern und damit polarisiern
Sind Sie das neue Sprachrohr für die Botox-Fraktion
der Uschi-Glas Generation?

Frau Roos, wie lange wolln Sie das noch machen
warum tun Sie sich das noch an
soll man da weinen oder lachen
wird das nicht peinlich irgendwann
sind Sie als Frau nicht längst zu alt
ne tragisch komische Gestalt

In letzter Zeit klingelt es immer öfter an meiner Haustür, und sobald ich geöffnet habe, bietet man mir Essen auf Rädern an. Man wedelt mit Hochglanzprospekten vor meiner Nase herum und will mich bequatschen, in die Seniorenresidenz Rosenhaus überzusiedeln. Wahrscheinlich denken die: Rosen und Roos, das passt doch gut. Neulich wurde mir das so lästig, dass ich erbost ausrief: «Ich will nicht ins Heim!» Nützte aber nichts. Man steht weiter unverdrossen bei mir auf der Matte. Fehlt nur noch, dass man mir einen Rollator anbietet.

Als dieses rosige Rentnerparadies gebaut wurde, saß ich mit Tina im Bus in Richtung Innenstadt und sagte zu ihr: «Da drüben bauen sie ein neues Altersheim», worauf es vom Sitz hinter uns empört tönte, das sei eine Unverschämtheit. Von wegen Altersheim, es handle sich um eine Seniorenresidenz! Ja, ja, schon gut. Heutzutage darfst du das Kind nicht mehr beim Namen nennen. Das stößt auf Unmut. Aber nur dadurch, dass man etwas umbenennt, wird's ja nicht schöner. Der *Grand Prix Eurovision de la Chanson* heißt jetzt *Eurovision Songcontest* und klingt dadurch vielleicht internationaler, aber ein Hausmeister heißt jetzt nicht mehr Hausmeister, sondern *Facility Manager*, wobei meist keiner weiß, wie man das schreibt oder was das genau bedeuten soll, und infolgedessen auch nicht, an wen man sich wenden kann, wenn die Heizung ausfällt oder das Garagentor klemmt. Bitte verstehen Sie mich nicht falsch, ich habe nichts gegen Facility Manager. Manchmal hätte ich auch gerne einen solchen Zugehmann für alle Notfälle im Haushalt. Ich habe auch rein gar nichts gegen Seniorenresidenzen. Ich möchte nur nicht dort einsitzen.

Ein Bild aus glücklichen Zeiten

Die Liebe meines Lebens

*Nach einem
Konzert mit
Pe in Köln*

Bild Köln heute

Mary Roos liebt Travestie-Star

Immer noch einer meiner besten Freunde – auch wenn er privat anders aussieht

Im Schmidt Theater mit Otto Waalkes, Volker Lechtenbrink und Wolfgang Trepper

Die Küchenfee – mit Alfred Biolek, Horst Lichter, Norbert Dickel und Johann Lafer

Mein Dicki

Till fragte: «Hast du gerade mit mir geflirtet?» –
«Neiiin! Niemals!»

Er ist einfach einmalig, auch als Fotograf

Ein Foto aus dem STERN – eine Geschichte zum
Thema «Alleinerziehende Mütter»

Johannes Oerding und ich beim «Kölner Treff»

Der schönste Aufkleber: Ausverkauft!

(v. l. n. r.) Mark Forster, Marian Gold, Johannes Strate,
Rea Garvey, Leslie Clio, Judith Holofernes und ich

*iner der schönsten
'omente in meinem
eben: «Sing meinen
ong» in Südafrika*

Sing meinen Song
DAS TAUSCHKONZERT
VOLUME 5

LESLIE CLIO · REA GARVEY · JOHANNES STRATE · MARK FORSTER · MARY ROOS · JUDITH HOLOFERNES · MARIAN GOLD

Wegbegleiter und -innen :-)

Toujours
Paris

Ein gemeinsamer Urlaub mit Lena Valaitis

Danke!

Ich tendiere vielmehr zum gut aussehenden Zivildienstleistenden. Der junge Mann kann mich dann gerne mehrmals täglich besuchen kommen, meinetwegen auch mit was zu essen unterm Arm. Solange ich noch aufrecht geh'n kann, möchte ich in meinen eigenen vier Wänden bleiben, und wenn nicht, kann er mich gerne auf Händen tragen, treppauf, treppab. Da spart er sich schon teure Fitnesscenter-Gebühren. Noch bin ich aber sehr gut zu Fuß. Ich hatte bisher nur einen Mini-Ausrutscher. Es war nach einem heftigen Regenguss draußen glitschig, und ich setzte mich auf meiner Außentreppe unfreiwillig auf den Allerwertesten. Julian war gerade zu Besuch und bekam einen Riesenschreck. Seit diesem kleinen Fehltritt meint er, mich ständig ermahnen zu müssen: «Halt dich bitte am Geländer fest.» Beim ersten Mal verbuchte ich das noch unter liebevoller Sorge und überhörte es wohlwollend. Er will aber partout nicht damit aufhören. Als wir neulich gemeinsam das Haus verließen, sah ich ihn Luft holen und wusste, jetzt kommt sie wieder, die Warnung für die vermeintlich Gebrechliche. Da sah ich rot und sagte nur knapp: «Wehe, du sagst das noch mal ...», den Rest des Satzes behielt ich für mich. Sollte er mir aber noch mal kommen mit «Vorsicht auf der Treppe», garantiere ich für nichts, dann bekommt er zu hören, was ich runtergeschluckt habe: «... dann vererbe ich alles dem Tierheim.»

Einzigartig

Um ehrlich zu sein, habe ich mir herzlich wenig Gedanken darüber gemacht, wie lange ich *das* noch machen will. Ich *machte* einfach, wie ich's immer getan hatte. Das Leben ist mit allerhand Überraschungspaketen auf mich zugekommen, und ich habe zugegriffen – oder auch nicht. Ich bin von der schnellen Truppe, Ungeduld ist mein zweiter Vorname. Wenn sich etwas richtig anfühlt, bin ich sofort dabei, aber Nein sagen kann ich eben auch. Wobei das nicht immer gut gehen muss – beinahe wäre dadurch *Sing meinen Song – Das Tauschkonzert* an mir vorbeigegangen. Zum Glück kam es anders, aber davon erzähle ich Ihnen gleich.

Spontan Nein sagte ich kurz nach meinem siebenundsechzigsten Geburtstag, als ich erstaunt feststellte: Jetzt bist du Rentnerin! Da sollte nun regelmäßig Geld aufs Konto flattern, für das ich nichts tun musste. Kein Kofferpacken, kein Wimperntuschen, kein Textlernen, kein Herumstehen in Bahnhöfen, Staus und Studios. Als der Rentenbescheid dann kam, erfuhr ich, dass mir monatlich 350 Euro zustehen. Wenn man, wie ich, nahezu das ganze Arbeitsleben lang selbstständig ist, macht es Sinn, eine Eichhörnchen-Mentalität zu entwickeln und in guten Sommern immer ein paar Nüsse für den Winter auf die Seite zu schaffen. Ich habe das so gemacht; andere haben aber weniger Glück und keine Möglichkeit, Vorräte anzulegen. Da reicht das Geld oft hinten und vorne nicht. Deshalb nahm ich direkt den Telefonhörer in die Hand, rief bei der Rentenversicherung an und bat darum, mein Geld doch lieber jemandem zukommen zu lassen, der es nötiger hatte als ich. Die freundliche Dame am anderen Ende der Leitung war perplex; das hatte sie noch nicht erlebt.

Nun war ich also von Amts wegen seniorentellerberechtigt und hätte locker zur Couchkartoffel mutieren können. Passioniert und pensioniert. Aber deshalb gleich den Beruf aufgeben? Das kam mir als frisch gebackene Rentnerin nicht in den Sinn – dafür aber die Wahrsagerin, die mir aus der Hand gelesen hatte, als ich um die dreißig war. Sie orakelte, dass ich mir im Alter keine Sorgen ums Geld machen müsse und dass dann beruflich noch mal richtig die Post abgehen würde. Ich glaubte nicht wirklich daran, dass meine Zukunft aus dem Kaffeesatz gelesen werden kann, und hatte die vermeintlich hellsichtige Dame damals aus reiner Neugier auf meine Handlinien schauen lassen, aber jetzt durfte ich feststellen, dass ihre Prophezeiung eintraf. Udo Jürgens hatte recht gehabt: Mit 66 Jahren, da fängt das Leben an (und mit 'nem bisschen Spielgeld hat man Spaß daran).

Nichtsdestotrotz wäre schon zu jener Zeit für mich nicht in Frage gekommen, nur gestützt auf die Bühne zu gelangen. Ich wollte auf gar keinen Fall live herumheestern, und in dieser Hinsicht ist auch weiterhin keine Gefahr in Verzug. Sollte mich aber noch mal jemand investigativ zum Thema «Betagt in Concert» von der Seite ansprechen, werde ich beherzt auf meinen sehr geschätzten, lieben Kollegen Udo Lindenberg verweisen. 1992 hatte man ihm nämlich den deutschen Musikpreis *ECHO* für sein Lebenswerk überreicht. Da war Udo gerade sechsundvierzig! Also uralt im jugendwahnsinnigen Musikgeschäft. Damit, dass er fünfundzwanzig Jahre später drei *ECHOS* für seine neue Platte erhalten, Stadien füllen und die Bühnen als einundsiebzigjähriger Springinsfeld rocken würde, hat niemand gerechnet.

Wir trafen uns letztes Jahr zum 30. Geburtstag des Hamburger *Schmidts Tivoli,* und Udo flüsterte mir zwischen rotem Teppich, Blitzlichtgewitter und Abendveranstaltung zu, dass ich für seinen Karrierestart verantwortlich gewesen sei. Ich fiel aus allen Wolken. Anfang der Siebzigerjahre hatte er einen Song namens «Sommerliebe» für mich geschrieben. Meine Plattenfirma habe den Titel aber abgelehnt. Unglaublich! Dass Udo dieses Lied für mich geschrieben hatte, wusste ich nicht. Er sang den Titel dann selbst, bekam damit seinen ersten Plattenvertrag und konnte aufgrund dessen später auf der *Andrea Doria* anheuern. Sachen gibt's, die gibt's gar nicht.

Mich hat das noch nachträglich geärgert; heute ginge kein Song mehr an mir vorbei. Mit meinem Jazz-Album hatte ich begonnen, mich aktiv ins Produktionsgeschehen und die Songauswahl einzumischen. Bei meiner nächsten Platte sollte es nicht anders sein. Wieder bat ich Frank Ramond, für mich zu texten, und erstmals auch Johannes Oerding um Songangebote. Wir sind einander 2010 begegnet, als Hape Kerkeling uns im Namen des NDR für die deutsche Jury des Vorentscheids für den ESC in Oslo zusammentrommelte. Mit von der Partie waren auch die MTV-Moderatorin und DJane Hadnet Tesfai und der Programmchef von WDR 1Live Jochen Rausch. Bestens gelaunt fuhren wir zusammen nach Oslo und erlebten die Generalprobe des 55. *Eurovision Song Contests* dort hautnah. Ich war fasziniert von der Unbekümmertheit der neunzehnjährigen Lena Meyer-Landrut, und damit war ich nicht alleine. Ich glaube, es gab niemanden, der nicht in Lena verknallt war. Sie sang und strahlte sich mühelos mit dem Titel «Satellite» auf Platz 1 und sorgte damit für kollektiven Freudentaumel. Fast dreißig Jahre nach Nicoles Sieg holte Lena die Trophäe wieder nach Deutschland. Die schwarz-rot-goldene Euphorie schwappte auf alles und jeden über. Derlei Begeisterungsstürme gibt es hierzulande sonst nur nach gewonnenen Fußballweltmeisterschaften. Sogar Bundeskanzlerin Angela Merkel gratulierte via *BILD* zum *«Super-Erfolg»*. Eine Abiturientin aus Hannover war Grand-Prix-Gewinnerin, und Lena konnte es selbst kaum fassen. Stefan Raab hatte mit seinem TV-Format, in dem er Newcomer suchte, die über Publikumsabstimmungen auserkoren wurden, Deutschland beim Song-Contest zu vertreten, ganze Arbeit geleistet. Schon 2004 hatte Raab Max Mutzke entdeckt und beim ESC in Istanbul ins Rennen geschickt. Dort landete der Schwarzwälder mit seiner souligen Reibeisenstimme und Raabs Komposition «Can't Wait Until Tonight» auf Platz acht. Für Lena gaben die meisten Länder zwölf Punkte – ein Triumph sowohl für Raab als auch für Lena, denn dadurch öffneten sich ihr die Türen ins internationale Musikgeschäft.

Im Rahmen dieses hochemotionalen Spektakels lernte ich also Johannes Oerding kennen, einen fantastischen Sänger und Songschreiber. Ich freute mich deshalb riesig, als er später Songs für mein Album *Bilder meines Lebens* beisteuerte. Zusammen mit den Hamburger Produzenten Sven Bünger und Hendrik Heuermann entstand «Einzigartig», ein Lied, das mir ungemein wichtig ist, weil es meine Überzeugung widerspiegelt, dass der Mensch ein Unikat ist und nicht anstreben sollte, so zu sein wie … Herr oder Frau Wichtig. Lena ist da ein gutes Beispiel. Auch sie ist einzigartig, und das ist gut so. Abziehbilder gibt es genug. Warum als Kopie durchs Leben gehen? Ich mag Leute, die Ecken und Kanten haben. Besser 'ne kleine Macke, als kein Format.

Johannes schrieb auch die Musik zu Frank Ramonds Text «Sie tun es immer noch». Auch ein Thema, über das sich zu singen lohnt, dachte ich. Es gibt Zeitgenossen, die meinen: «Das gibt sich bis siebzig.» Kann sein – muss aber nicht. Sex ist was Wunderbares und mit Sicherheit gesund. Womöglich senkt er sogar den Cholesterinspiegel … Bei mir hat's leider nicht geklappt, aber das will nichts heißen. Vielleicht hätte ich nur die Dosis erhöhen müssen? Sex hält auf jeden Fall fit und gelenkig, hab' ich mir sagen lassen, und selbst wenn's in der Praxis haken sollte – seien wir mal ehrlich, Erotik beginnt im Kopf und hat keine Altersbegrenzung. Darüber sind sich zumindest Pe Werner und ich einig. Als die Albumproduktion anstand, rief ich

Pe an und fragte sie, ob sie für mich schreiben könne. Wir plauderten eine ganze Weile, und ich erzählte ihr, dass ich neuerdings ständig gefragt würde, ob es denn da jemanden gäbe ... Das ging mir ziemlich auf den Wecker. Selbst wenn ich regelmäßig Herrenbesuch hätte – meine Herzensangelegenheiten sind privat. Wir redeten noch eine Weile über Gott und die Welt und verabschiedeten uns lachend. Wenige Tage später hatte ich dann Pes Song auf dem Tisch, und der Titel traf den Nagel auf den Kopf: «Unbemannt».

Von Männern hatte die Wahrsagerin übrigens nichts gesagt, auch nicht von plötzlich erhöhtem Verkehrsaufkommen im Alter. Aber was soll ich machen? Inzwischen weiß jeder: Ich hatte was mit Wolfgang Trepper. Zumindest stand es so in der Zeitung, dass ich nach zwei gescheiterten Ehen wieder glücklich «mit dem jungen Mann» sei. Ich wurde aber auch schon totgeschrieben oder hatte Krebs. Davon wusste ich zwar selber nichts, aber was in der Zeitung steht, stimmt. Davon war mein Vater zeitlebens überzeugt.

Im letzten Jahr war ich den Trepper dann wohl leid, denn im Oktober erwischte mich die *Kaisermania*. Gut, dass *Das Neue Blatt* so genau darüber Bescheid wusste und Roland Kaisers und mein «überraschendes Liebesgeständnis» gleich auf die erste Seite packte. Die SMS von Wolfgang, in der er mir schrieb: «Du solltest dich was schämen. Pfui!», ignorierte ich. Frau kann schließlich auf Einzelschicksale keine Rücksicht nehmen. Ich bin halt ein gefragter Typ, oder wie Roland mir mal in einem Interview versicherte, «ein Vollweib». Ich weiß noch, dass ich vehement widersprach. Er beharrte aber darauf und sagte:

«Das kannst du nicht beurteilen, weil du ja nur einen Spiegel zu Hause hast. Du siehst dich ja nicht aus meinen Augen – du bist ein Vollweib.» Da hatte sich das Interview für mich schon gelohnt.

Aber Spaß beiseite, ich möchte nicht, dass Sie jetzt einen falschen Eindruck bekommen. Wir sind nur Freunde. Ich weiß, das sagen sie alle, aber bei uns stimmt's. Der Kaiser ist sehr glücklich mit seiner Kaiserin verheiratet, und unsere Freundschaftsgeschichte ist schon so alt, die beginnt mit den Worten: *Es war einmal vor vierzig Jahren ...* Roland hatte damals sein Debüt als Sänger auf einer der ersten Bädertourneen, die wir zusammen mit anderen Sangeskollegen machten, und ich sagte ihm sofort eine große Karriere voraus. Dafür habe ich übrigens einen Riecher. Ich könnte mich auch als Talente-Trüffelschwein verdingen; mal sehen, wie's so läuft in den nächsten Jahren, ist immer gut, einen Plan B zu haben.

Unsere Freundschaft hat jedenfalls schon Jahrzehnte auf dem Buckel und kennt Höhen und Tiefen. Ich habe Roland sogar mal als Arsch bezeichnet; er war auch einer, aber das ist Schnee von gestern. Wichtig ist, dass man sich wiederfindet, auch wenn's mal heftig gekriselt hat und man eine Zeit lang die Pausentaste gedrückt hielt.

Wo wir aber gerade bei den Herzensdingen sind, sollte ich vielleicht noch erzählen, wie es überhaupt mit Wolfgang Trepper zum Äußersten kam. Wir waren beide im Rahmen eines bunten Abends am Timmendorfer Strand engagiert, und ich fand ihn toll. Wenig später sahen wir uns im *ZDF-Fernsehgarten* wieder. Da fand ich ihn noch toller, und dann ist es passiert. Es war das erste Mal in meinem Leben, dass ich einen Mann angesprochen habe. Ich fragte ihn, ob wir nicht mal was zusammen machen wollten, worauf er mir *Nutten, Koks und frische Erdbeeren* anbot. Da konnte ich einfach nicht Nein sagen.

Wer auf die Idee kommt, in einem Bühnenprogramm mitzuwirken, das *Nutten, Koks und frische Erdbeeren* heißt, ist entweder bekloppt oder hat nichts mehr zu verlieren. Beides trifft auf mich zu. Als ich Trepper den Antrag auf gemeinsame Sache gemacht hatte, ahnte ich nicht, was auf mich zukam. Mit der Premiere hatte ich den Salat. Ich, die ich gerne gut vorbereitet in meine Konzertabende starte, hatte im Vorfeld immer wieder nach einem Drehbuch gefragt, aber nichts kam. Erst wenige Tage vor der Premiere hielt ich das Buch in den Händen, in dem stand: Wolfgang Trepper sagt dies, Wolfgang Trepper sagt das. Ich rief ihn an und fragte: «Und was sagt Frau Roos?» Er brummte nur: «Das ist Ihr Problem.» Aha!

Dass ich singen sollte, war klar. Songs aus den Sechzigern bis heute, und zwar mit der vierköpfigen Band, die mich schon auf meiner Chanson-Tour begleitet hatte. Wir probten im Vorfeld, und ich war glücklich darüber, wieder mit diesen Musikern arbeiten zu können. Sie sollten als polnische Band angekündigt auftreten, dazu verdonnert, möglichst unbeteiligt zu tun. So weit, so gut. Es gab aber bis zur Premiere keinerlei Textvorgaben für mich. Auch keine Bühnenproben, bis auf eine Regiebesprechung am Vortag, bei der Corny Littmann, der Theaterchef, zugegen war und mir auf meine Frage, was ich denn zu Trepper sagen könne, antwortete: «Du guckst ihn nur an.» Okay – das sollte kein Problem werden. Gucken konnte ich!

Am Premierenabend stand ich hinter der Bühne, hörte Wolfgangs Anfangsmoderation durch den Vorhang und traute meinen Ohren kaum. Er eröffnete dem Publikum, er sei hier nur der Pausenclown, gleich aber würde die alte Schachtel auf die Bühne rausgeschoben werden, die sich freue, mal aus dem Heim rauszukommen. Man solle bitte jubeln und begeisterten Lärm machen, denn die Alte höre auch nicht mehr so gut. Mir blieb kurz die Spucke weg. Wo sollte das hinführen? Schließlich bat Trepper um Applaus für die Frau, die man sonst nur noch gegen Eintrittsgeld bei *Körperwelten* sehen könne. Damit war wohl ich gemeint, also nix wie raus auf die Bühne. Das Publikum empfing mich mit frenetischem Applaus. Ich sang «Wie lange woll'n Sie das noch machen» und nahm danach neben Wolfgang in der arrangierten Bühnensitzecke Platz, wo er nicht müde wurde, mich weiter unflätig anzupflaumen. Ich solle mal was trinken, darauf müssten alte Leute achten. Außerdem forderte er mich lautstark auf, mich für die nächsten Songs schleunigst umzuziehen. Das Kleid sei wohl von der Schornsteinfegerinnung Norderstedt gestiftet worden, und so weiter und so weiter, und ich guckte und guckte und guckte, und die Zuschauer lachten sich schlapp.

Als Herzblut-Kabarettist hat Wolfgang ungeheuren Spaß daran, Leute vor den Kopf zu stoßen. Er riskiert gerne 'ne dicke Lippe. In diesem Programm war es nicht anders: Wolfgang rumpelstilzte über die Bühne und rechnete wortgewaltig mit dem deutschen Schlager und dessen Stars und Sternchen ab.

Ich bewundere ihn dafür, dass er ganze Abende durchbrüllen kann wie ein wild gewordener Pavian, ohne dabei heiser zu werden. Dass er bei aller Pöbelei das Herz auf dem rechten Fleck hat, erkannte nur, wer bis zum bitteren Ende in unserer Show blieb. Da gestand er dem Publikum nämlich seine Hochachtung für mich und dass er diese Show mit keiner anderen habe machen wollen. Nicht selten ging das jedoch an manchem Zuschauer vorbei. Es gab Abende, an denen diverse Verluste zu verzeichnen waren. Die Reihen hatten sich aus Empörung gelichtet; das gefiel dem Scharfzüngler Trepper. Ich erinnere mich, dass er sich schon am Premierenabend danach erkundigt hatte, wie viele denn in der Pause gegangen seien, und dabei diabolisch grinste.

Das Schlagerhasser-Programm mit Treppers Lästerlaune im Ruhrpott-Jargon wurde so erfolgreich, dass aus unseren geplanten vier Vorstellungen ausverkaufte Tourneen mit rund 200000 Zuschauern wurden. Bei den Gastspielen sammelten wir jeden Abend auch Geldspenden für den guten Zweck. So konnten wir zusammen mit Wolfgangs erspieltem Gewinn beim TV-Quiz *Gefragt – Gejagt* schließlich einen Scheck über insgesamt 100000 Euro an die Lebenshaus-Stiftung der Aidshilfe Köln übergeben.

Je mehr Shows wir spielten, desto mehr kam ich in Fahrt. Von wegen «du guckst nur». Wer mich kennt, der weiß, es ist mir noch nie leichtgefallen, den Mund zu halten. Ich bin wie Milch: Wenn man nicht damit rechnet, koche ich über. Als Trepper sich wieder über mein Alter in Rage redete, entfuhr es mir, er möge vielleicht jünger sein als ich – dafür sähe ich aber besser aus. Die Leute quietschten vor Vergnügen. Kein Abend glich dem anderen. Wir improvisierten auf Teufel komm raus, und ich musste mich selbst dabei immer wieder biegen vor Lachen. Einmal gestand ich dem Publikum, dass ich in dieser Branche keine Freunde mehr hätte, seit ich das Programm mit Trepper spielte, worauf Wolfgang konterte: «Sie haben keine Freunde mehr in dieser Branche, weil alle anderen schon lange tot sind!»

Unser Schlagabtausch amüsierte die Zuschauer derart, dass sie unsere Shows gleich mehrmals hintereinander besuchten. 2018 erhielten wir den LEA Award für die erfolgreichste Bühnenproduktion. Da kann man mal sehen, wie weit man es als Frau im Showgeschäft doch bringen kann. Man muss sich nur auf offener Bühne permanent beleidigen lassen. Dann läuft's.

Nach fünf erfolgreichen Jahren sollten dann 2020 die letzten Shows über die Bühne gehen, doch die Pandemie legte auch unsere satirischen Erdbeeren auf Eis. Wir wussten aber: Auch wenn die nachzuholenden Shows irgendwann gespielt werden könnten, dürfte mit der Dernière dieses Programms nicht Schluss mit lustig sein. Wir wollten nachlegen und dem Publikum geben, was es sehnsüchtig erwartete. Da gab's nur eins: mehr Nutten, mehr Koks – scheiß auf die Erdbeeren!

Zu dir – weit weg

Ob mit oder ohne Erdbeeren, ich war nur auf Tour in den letzten Jahren. Wir gastierten unermüdlich heute hier, morgen dort. Das war Leben auf Rädern. Hätte es Kilometergeld gegeben, ich hätte mir glatt die Wasserhähne vergolden lassen können. Wenn ich heute einen Blick in meine alten Kalender werfe, frage ich mich: Wie habe ich das bloß gemacht? Da steht nahezu kein einziger freier Tag drin. Ich war ständig auf Achse. Übrigens auch auf hoher See; die Kreuzfahrtschiff-Engagements waren eine willkommene Abwechslung. Wobei ich sagen muss, dass nicht alle im Team so begeistert davon waren. Wie sich herausstellen sollte, erwiesen sich meine Herren Musiker zum Teil als wenig seetauglich. Ich liebe es, wenn es wellt und wogt, aber es gibt Menschen, die schlecht mit Windstärke sechs bis acht klarkommen. Wie sich das anfühlt, erlebten wir auf einer unserer *Mein-Schiff*-Reisen. Es war schier unmöglich, sich auf der Bühne gerade auf dem Stuhl zu halten. Hinter uns rutschten die Kulissen hin und her, und das Schiff tanzte Wasserballett. Der Bord-Entertainmentchef hatte mich vor dem Auftritt noch gewarnt: «Keine hohen Schuhe tragen!» Aber wie sieht denn das aus? Turnschuhe zum Cocktailkleid? Nee, nee, nee, zur Showtime geht frau wenn nötig sogar auf Stelzen. Aber versuchen Sie mal, auf hohen Hacken souverän über eine Bühne zu laufen, die permanent in Schieflage ist. Wenn Sie dann noch einen Titel singen, der «Aufrecht geh'n» heißt, ist die Lachnummer perfekt.

Trepper und ich trotzten eisern den widrigen Verhältnissen, warfen uns noch mehr lustige Bälle zu als sonst und versuchten, möglichst unterhaltsam das Beste aus der schrägen Situation zu machen. Ich sagte zum Publikum: «Sie haben's gut – Sie dürfen sitzen. Ich hab nicht das Privileg», und hangelte mich, um Haltung bemüht, von meinem Bühnenstuhl rechts außen irgendwie zum Standmikrofon hinüber, das auch ständig hin und her schlitterte. Das muss sehr nach Slapstick ausgesehen haben, denn das Publikum quietschte vor Vergnügen. Die hatten gut lachen. Auf so einem Schiff ist alles, was zur Ausstattung gehört und nicht niet- und nagelfest ist, am Boden festgeschraubt, also auch Tische und Sitzgelegenheiten im Saal. Wer sich ausgedacht hat, dass die Showbühnen auf Kreuzfahrtschiffen ausgerechnet vorne in der Schiffsspitze sein müssen, wo es naturgemäß am unruhigsten und der Kahn am anfälligsten für windige Wetterlagen ist, muss ein Schiffschaukelbremsergemüt haben. Es wackelte jedenfalls derart, dass dem einen oder anderen Zuschauer irgendwann das Lachen verging und die Reihen sich zusehends lichteten. Doch nicht nur vor uns wurde es übersichtlicher. Als ich meinem musikalischen Leiter Nick einen Blick zuwarf, war der nicht mehr an seinem Platz und sein Pianohocker verwaist. Wenig später suchte auch Gitarrist Ferdi mitten in einem Medley das Weite. Können Sie sich vorstellen, wie das klang ohne Harmonie-Instrumente? Meine Lieder lediglich begleitet von Schlagzeug und Bass? Grau-en-haft. Katzenmusik wäre noch eine schmeichelhafte Umschreibung dafür gewesen. Aber es half nichts, da mussten wir nun durch. Wir zogen Nick und Ferdi nach dieser Reise noch oft mit ihren Abgängen auf. Vielleicht überrasche ich die Jungs demnächst damit, einen Gassenhauer ins Programm aufnehmen zu wollen? *Eine Seefahrt, die ist lustig, eine Seefahrt, die ist schön ...*

Sollte es denn doch noch mal zum Ernstfall kommen – einer Kreuzfahrt bei Windstärke zehn –, könnte ich das Lied zur Not auch alleine singen – a cappella. Im Sitzen, Stehen oder Liegen. Ich stelle mich auch ans Ruder, wenn nötig, und wische noch schnell feucht durch. Da kenne ich nichts. Mag die Lage noch so ernst sein, ich habe immer eine Handbreit Zuversicht unterm Kiel.

Entscheidungen treffe ich grundsätzlich in Überschallgeschwindigkeit – aber manchmal gehen meine Schnellschüsse auch nach hinten los. In solchen Momenten rattert mein Mundwerk schneller als mein Kopf.

Als der erste Anruf der *Sing-meinen-Song*-Redaktion bei meiner Sekretärin Angelika Knüfken einging, war es mal wieder so weit. Sie berichtete mir freudig von der Anfrage, ich ließ sie aber gar nicht ausreden, dachte sofort an die *Versteckte Kamera* und fiel ihr ins Wort: «Die wollen uns doch veräppeln! Mit Xavier Naidoo Songs im Fernsehen tauschen? Noch dazu in Südafrika! Das kann nur fake sein. Warum sollte man ausgerechnet mich in diese Sendung einladen?» Ich bat sie, dankend abzulehnen. Welchen Fisch ich da kurzerhand vom Haken ließ, war mir nicht klar und die Sache für mich erledigt – aus den Ohren, aus dem Sinn. Ein paar Jahre später klingelte das Telefon wieder. Jetzt bekniete meine Sekretärin mich, ich möge doch bitte mit dem zuständigen Redakteur sprechen, für sie klänge das nicht nach *Verstehen Sie Spaß*, sondern absolut ernst gemeint. Zum Glück stellte ich mich da nicht auf die Hinterbeine; meine Neugier überwog, ich rief zurück, und tatsächlich: Man wollte mich für die fünfte Staffel von *Sing meinen Song – Das Tauschkonzert* verpflichten. Nachdem ich den Hörer aufgelegt hatte, weinte ich erst mal vor Freude. Ich war gerührt davon, so erwünscht zu sein. Diese Sendung war mein Lieblings-TV-Format. Bis dahin hatte ich keine Staffel verpasst und klebte förmlich am Fernseher, wenn die Folgen gesendet wurden. Was für eine Ehre, dafür angefragt worden zu sein! Bei vielen läuft meine Musik in der Rubrik «Stört nicht beim Bügeln». Lachen Sie nicht, das ist ein geflügeltes Wort unter Radioredakteuren und absolut ernst gemeint. Unabhängig davon, ob ein Titel gefällt oder nicht, Hauptsache, er stört nicht. Da sitzt dann auch bei den öffentlich-rechtlichen Rundfunkstationen immer ein Musikredakteur in greifbarer Nähe. Könnte ja sein, es kommt zu einem Flugzeugunglück. Blöd, wenn dann auf der Playlist Reinhard Mey steht mit «Über den Wolken». Dann muss schnell etwas Unauffälliges gespielt werden, am besten englischsprachig, Marke: Zum einen Ohr rein, zum anderen raus.

Ein Radioprogramm sollte also «gut durchhörbar sein»; meistens trifft diese Eigenschaft auf den deutschen Schlager zu, und genau da sortiert man mich gerne ein. An *Sing meinen Song* nahmen aber immer die Besten der Besten aus dem Popmusikbereich teil, darum dachte ich nur: Was bin ich doch für ein Glückspilz! Unverhofft würde ich mich in illustrer Rock- und Pop-Gesellschaft befinden: mit dem irischen Sänger und Songwriter Rea Garvey, Judith Holofernes, der Frontsängerin von *Wir sind Helden,* Marian Gold von *Alphaville,* der für internationale Hits wie «Forever Young» bekannt war, der Soul-Popsängerin Leslie Clio, Johannes Strate von *Revolverheld* und Mark Forster als Gastgeber und Moderator. Könnte mich bitte mal jemand kneifen? Ist doch irre, was mir alles passiert ist, seit ich seniorenermäßigt Bus fahren darf.

Nachdem feststand, wer in diesem Jahr mit von der Tauschkonzert-Partie sein würde, galt es, sich untereinander zu vernetzen und Telefonnummern auszutauschen. Mit Johannes war ein Treffen in Hamburg möglich, die anderen wohnten aber in alle Himmelsrichtungen verteilt. Es hieß, man gründe eine WhatsApp-Gruppe. Wotts-Äpp?! Davon hatte ich zwar schon viel gehört, wusste aber nicht, wie es geht. Ich gehörte zu den Dinosauriern, die ihr Smartphone lediglich zum Telefonieren benutzten. Dass dieses Ding auch Sachen kann wie Herzfrequenzen messen und die Eierkochzeit stoppen, war an mir vorbeigegangen. Mark installierte mir WhatsApp auf dem Mobiltelefon. In den Corona-Lockdown-Zeiten zoomte ich dann sogar und rüstete dazu noch tüchtig auf: Ich bin jetzt stolze Besitzerin eines Handystativs mit Beleuchtungsring. Manchmal staune ich über mich selbst. Tja, nicht nur die Leber wächst mit ihren Aufgaben. Aber ich schweife mal wieder ab. Wo war ich? Ach ja, bei Mark Forster. Wir mochten uns auf Anhieb. Jetzt mal abgesehen davon, dass er mein Sohn sein könnte – er war schon vor Drehbeginn absolut zuvorkommend und entzückend zu mir. Bevor es losging, kam ein Päckchen von ihm, mit einem Brief, in dem stand, wie sehr er sich auf mich freue, einer Landkarte von Südafrika, Sonnenschutzcreme und einem Adapter für Steckdosen. Dieser Adapter war für mich das tollste Geschenk. Mark konnte das natürlich nicht ahnen, wir kannten uns ja nicht. Wie hätte er wissen können, dass ich unter einer pathologischen Glätteisen-Abhängigkeit leide? Wenn man mich fragt, welche drei Dinge ich auf eine einsame Insel mitnehmen wolle, dann stünde mein Glätteisen an erster Stelle. Ich habe von Natur aus welliges Haar, und wenn es draußen nur ein bisschen feucht ist, mutiere ich optisch zum Pudel. Das hasse ich bei mir persönlich wie die Pest. Ein Leben ohne Glätteisen halte ich daher für möglich, aber sinnlos. Das gilt übrigens auch für Bohrmaschinen, aber das ist ein anderes Thema. Ich habe eine ausgemachte Leidenschaft fürs Bohren und Dübeln. Mittlerweile nenne ich vier Bohrmaschinen mein Eigen; es könnte aber gut sein, dass ich meinen Maschinenpark demnächst erweitere, ich bin nämlich ständig auf der Suche nach einem Exemplar, das noch leiser und doch leistungsfähiger ist als die anderen. Vielleicht gibt es irgendwann eine Fernsehshow unter Tage, bei der ich mitwirken darf und zum Start eine Bohrmaschine geschenkt bekomme? Darauf ein dreifach kräftiges Glückauf!

Bohren zu können ist nicht nur im Haushalt wichtig, sondern auch in der Musik. Sie kennen das sicher: Man steht morgens unter der Dusche, und im Radio läuft ein

Lied, das sich unwillkürlich in die Gehörgänge bohrt – und schon hat man den ganzen Tag einen Ohrwurm. Das ist nicht immer schön; Stichwort *Ententanz*. Trotzdem wünscht sich jeder Künstler, Songs zu singen, die zu Ohrwürmern werden. Ich natürlich auch.

Meine letzte Platte war ein Jahr vor *Sing meinen Song* auf den Markt gekommen, und gleich die erste Single «Discozeitmaschine» gefiel den Radiomachern und Fernsehredakteuren, also war ich unter anderem zu Gast in der *Carmen Nebel Show* im ZDF. Für dieses Album hatte ich Pe Werner um eine Hommage an die Generation Trümmerfrau gebeten. Ich wollte meiner Mutter und damit all den Frauen, die während des Zweiten Weltkrieges in Deutschland auf sich alleine gestellt waren, musikalisch ein Denkmal setzen.

Wenn Pe für mich Lieder schreibt, mailt sie mir ihre Song-Demos immer mit der Anmerkung, das sei nur ein «Schrummel-Demo», ich möge ihr Gitarrenspiel bitte wohlwollend überhören. Mich interessiert aber überhaupt nicht, ob etwas perfekt musiziert ist; viel wichtiger ist doch, ob es dich berührt. Als ich ihr «Stein auf Stein» zum ersten Mal hörte, heulte ich Rotz und Wasser, so tief trafen mich Text und Melodie. Ich ließ es wieder und wieder laufen und konnte mich nicht satthören. Zu diesem Lied wollte ich unbedingt ein Video drehen, mit Originalbildern und Filmmaterial aus der Zeit nach Kriegsende 1945, und tat es dann auch mithilfe von Kameramann und Regisseur Andreas Heller. Meine Plattenfirma war nicht von meinem Videowunsch zu überzeugen, also finanzierte ich die Produktion aus eigener Tasche. Selbst ist die Frau.

Als ich das Lied dann in der Talkshow *Tietjen und Bommes* sang, hatte ich Mühe, gesanglich gut durchzukommen. Ich kämpfte mit einem gehörigen Frosch im Hals, weil im Fernsehstudio alle um mich herum plötzlich Tränen in den Augen hatten. Es gibt diese besonderen Lieder, die tief in uns eintauchen und uns anrühren. Meistens sind es *die* Lieder, die nicht im Radio rauf und runter laufen. Früher hätte man sie B-Seiten genannt, aber Sie wissen ja schon, dass ich meine B-Seiten oft lieber mochte als die Radiosingles. «Stein auf Stein» ist meine Pe-Seite und eines meiner mir wichtigsten Lieder vom Album *Ab jetzt nur noch Zugaben!*. Dass ich es live im NDR singen durfte, erfüllte mich trotz meines Lampenfiebers mit Stolz und Freude.

Das war im Januar 2018, wenige Tage nach meinem neunundsechzigsten Geburtstag. Danach überstürzten sich förmlich die Ereignisse.

Bei einem Treffen in Berlin hatte sich jeder *Sing-meinen-Song*-Tauscher fünf Titel aus dem Repertoire der anderen Teilnehmer herausgesucht. Jetzt begannen die Proben in Xavier Naidoos Studio in Mannheim mit der Band rund um Keyboarder, Arrangeur und Bandleader Mathias Grosch. Ich war ziemlich aufgeregt, als ich mich inmitten seines Ensembles *Grosch's Eleven* wiederfand, doch die Nervosität legte sich schnell, denn hier wurden mir musikalisch alle Wünsche von den Augen abgelesen. Wir legten die passenden Tonarten für mich fest, und die Backgroundsängerinnen Laura Bellon und Katja Friedenberg fragten mich, wie ich die Chöre gerne haben wollte. Alle meine Arrangement-Vorschläge zu den Songs wurden von Mathias Grosch sofort begeistert aufgenommen und umgesetzt. «Spinner» von Revolverheld sollte zum Mittanzen animieren, genau wie «Nur ein Wort» von Judith Holofernes. Rea Garveys Song «Through The Eyes of A Child» sollte mit sehr reduzierter Pianobegleitung daherkommen und Mark Forsters «Zu dir – weit weg» unbedingt ein Bossa Nova werden. Die Band groovte fantastisch und rollte mir auch zwischenmenschlich den roten Teppich aus. So viel Achtsamkeit habe ich in diesem Beruf selten erlebt. Xavier schneite herein, um mir zu sagen, dass er mich so gerne in der Sendung gehabt hätte, als er sie noch moderierte. Als ich ihm erzählte, dass ich seinerzeit aus Blödheit abgelehnt hatte, weil ich dachte, das sei Versteckte Kamera, musste er lachen.

Innerhalb kürzester Zeit erarbeitete ich mit Groschs Elf alle Songabläufe, danach hieß es für mich: Hausaufgaben machen. Ich wusste inzwischen, dass es das Angebot gab, in Südafrika mit Teleprompter zu arbeiten, aber in Bezug auf das Ablesen von Texten bin ich nun mal old school. Ich habe gerne alles im Kopf. Das bedeutete, fleißig Texte zu lernen. Das war ich gewohnt, das machte mir keine Sorgen. Was mir aber Bauchschmerzen bereitete, war die Tatsache, dass ich mit Knopf im Ohr singen sollte. *In-Ear Monitoring* war absolutes Neuland für mich. Ich war es gewohnt, meinen Gesang auf der Bühne aus Monitorboxen zu hören. Das würde in Südafrika aber nicht möglich sein. Man erklärte mir, dass ich dort so nah an der Band stehen würde, dass ich mich aufgrund ihrer Lautstärke nicht mehr gut genug hören könnte. Also ließ ich mir die notwendigen Ohrhörer in Köln anfertigen.

Ich begann, schon zu Hause in Hamburg damit zu trainieren, vornehmlich, wie ich die Dinger schnell rein- und wieder rausgefummelt kriege. In Südafrika blieb dafür nur der kurze Gang vom Sofa zur Bühne. Ich habe mich dabei wohl selten doof angestellt. Mir dabei zuzusehen, wie ich umständlich an meinen Ohren herumfingerte, sorgte in der Runde regelmäßig für Lachanfälle, und ich lachte selbst am lautesten. Wenn ich auch anfangs heftig damit gefremdelt hatte – heute möchte ich meine In-Ears nicht mehr missen. Man hört sich und die Band dadurch in Studioqualität, und da könnte ein Presslufthammer neben mir donnern, ich würde locker lächelnd dagegen antirilieren.

Kurz bevor es mit dem Abenteuer *Sing meinen Song* losging, hielt ich zusammen mit Sasha die Laudatio für die Gewinner der *Goldenen Kamera 2018* in der Kategorie *Beste Show*. Sie ging an die Teilnehmer von Staffel 4 der Erfolgsshow: Lena, Gentleman, The BossHoss, Michael Patrick Kelly und Mark Forster. Wir hatten einen sehr vergnüglichen Abend in Hamburg, und schon am nächsten Morgen ging es mit Julian und meinem Manager Jan Mewes ab nach Kapstadt. Wir wollten ein paar Tage in Südafrikas Hauptstadt verbringen, bevor das Liedertauschen für mich losging. Sasha war in der ersten Staffel dabei gewesen und dadurch quasi *Tauschkonzert*-Pionier. Zu Beginn der Laudatio hatte er gesagt, dass er nicht erwartet hätte, dass die eigentliche Reise erst nach dem zehnstündigen Flug beginnen würde. Das machte es für mich nun doppelt spannend.

In Kapstadt angekommen, riefen die Männer: «Hunger», und ich wollte sie zum Essen einladen, um meinen Geburtstag nachzufeiern. Jan Mewes schwärmte von einem Fischrestaurant, das auch in den Reiseführern für seine exzellente Küche hoch gelobt würde. Schon beim Betreten des Restaurants dachte ich: Das wird teuer! Es kann ja dauern, bis so ein ausgewachsener Mann satt ist, und wenn du dann noch zwei von der Sorte am Tisch sitzen hast – Prost Mahlzeit! Die Jungs bestellten dann auch die Speisekarte rauf und runter, eine Fischplatte folgte der nächsten, und der Wein floss in Strömen. Ich wurde nervös. Als man Hummer auftischte, beschloss ich, auf den Nachtisch zu verzichten. Vielleicht minimierte das die vermutlich horrende Rechnung ein bisschen? Mewes grinste mich an und bestellte einen weiteren Gang. Ich machte innerlich heimlich Kassensturz. Das Gelage würde mit mindestens tausend Euro zu Buche schlagen. Ich bin keineswegs geizig, aber ich fürchtete, dass mein Kreditkarten-Limit den Herrengedecken nicht standhalten würde. Die Rechnung belief sich schließlich auf knappe achtzig Euro. Mewes hatte das gewusst und sich einen Spaß daraus gemacht, sich durch die Karte zu schlemmen.

Dass Jan Mewes an mich geglaubt hat und als Produzent die Shows mit Wolfgang Trepper auf die Bahn brachte, war für mich schon wie Ostern und Weihnachten zusammen. Aber dass er es mir ermöglichte, erstmals in meiner Karriere solo mit großem Besteck auf Tournee gehen zu können, toppt alles. Allein dafür füttere ich ihn bis zum Sankt Nimmerleinstag durch, und wenn ich das nächste Mal wieder nachts um drei aufstehe, um Kartoffelpuffer zu machen, weil ich nicht schlafen kann, brate ich Jan noch ein Dutzend Extrawürste dazu – aus tief empfundener Dankbarkeit.

Nachdem wir uns Kapstadt im flotten Dreier angesehen hatten, auch die dunkleren Ecken, zog ich ins *Sing-mei-nen-Song*-Camp ein. Das Ressort an der südlichen Spitze Afrikas als Camp zu bezeichnen ist eigentlich ein Unding, denn es handelte sich um ein idyllisch gelegenes, luxuriöses Anwesen namens *Grootbos* mit Blick auf die Fynbos-Landschaft und den Atlantik. Ich war mit Julian in einem Haus mit zwei Apartments untergebracht, und am ersten Abend gab es eine Willkommensparty; ich werde nie vergessen, wie bezaubernd es dort war. Die mit Lichterketten geschmückten Bäume gaben dem Ort etwas Magisches, es war traumhaft schön und die Stimmung ausgelassen. Wir bekamen eine Einführung, was hierzulande zu beachten war. Unter anderem wurde eindringlich vor gefährlichem Getier gewarnt; vor allem kleine Spinnen seien überaus giftig, und gelegentlich kämen Schlangen zu Besuch. Als Julian mich abends vor meinem Appartement verabschiedete, sagte uns genau so eine klitzekleine Spinne über unserer Haustür guten Abend. Ihr Biss wäre tödlich gewesen. Das ging schon mal gut los.

Die Crew, also Kameraleute, Musiker, Kabelträger und Redakteure, waren in einem anderen Hotel etwas weiter entfernt untergebracht. Am nächsten Morgen erzählten sie, dass sie überfallen worden seien – eine Horde wilder Affen war wie aus dem Nichts durchs Fenster geschossen und hatte alles geklaut, was sie in die Finger kriegen konnte. Jetzt wussten wir auch, warum man uns gebeten hatte, Türen und Fenster geschlossen zu halten. Wir hatten im *Grootbos* zwar keine Diebstähle zu beklagen, doch wir frühstückten vom ersten Tag an in Gesellschaft einer großen Schlange über unseren Köpfen. Zum Glück machte sie keinerlei Anstalten, sich zu uns zu setzen; sie hatte offenbar schon gefrühstückt.

Nach diesem tierischen Start ging es für uns ans Eingemachte. Wer denkt, dass wir in Südafrika nur vergnügt auf dem Sofa saßen und abends ein bisschen für die Kameras herumträllerten, der irrt. Bevor die Musikaufzeichnungen starten konnten, drehten wir Interview um Interview. Dazu kamen unsere von der Kamera begleiteten Ausflüge; damit waren wir in der ersten Woche rund um die Uhr beschäftigt. Danach mussten in Woche zwei alle Songs des jeweiligen Drehtages mit der Band geprobt und die Sendungen anschließend aufgezeichnet werden. Wir produzierten stramm zwei Folgen pro Tag. In Südafrika ist es übrigens zu dieser Jahreszeit nicht etwa hochsommerlich warm; tagsüber klettert das Thermometer auf maximal 20 bis 22 Grad, nachts wird es fröstelig kalt und feucht. Wie feucht, ist von der Staffel mit The BossHoss überliefert. Weil ihn schnell fror, saß Alec Völkel während der Sendung auf einer Wärmflasche und wunderte sich eines Abends darüber, wie ungewöhnlich klamm es plötzlich war – die Feuchtigkeit kroch ihn förmlich von unten an. Kein Wunder; die Wärmflasche war geplatzt und ausgelaufen. An dieser Stelle möchte ich mich nochmals für das Forster'sche Adapter-Geschenk bedanken. Nicht auszudenken, wie pumuckelig ich ohne Glätteisen ausgesehen hätte.

Die nächtliche Feuchtigkeit gepaart mit der Klimaanlagenluft in den Zimmern machte einigen von uns auch gesundheitlich zu schaffen. Judith und Johannes kämpften mit aufflammenden Erkältungen. Das tat mir sehr leid. Mit Halsentzündung in einer Gesangsshow zu Gast zu sein ist Horror. Ich kenne das – bei der Aufzeichnung der Weihnachtsausgabe von *Sing meinen Song* auf Schloss Elmau erwischte es mich auch. Täglich fuhr ich zum Hals-Nasen-Ohrenarzt nach Innsbruck; die Behandlungen und Medikamente versetzten mich zwar in die Lage, singen zu können, trotzdem musste ich um jeden Ton ringen. Das war eine echte Herausforderung.

Von Judith bekamen alle Songtauscher im *Grootbos* ein liebevoll verpacktes Willkommensgeschenk. *Lax Vox* stand darauf, und drin war ein Silikonschlauch zum Trainieren der Stimmbänder, bei dem man durch den Schlauch in ein mit Wasser gefülltes Glas pustet und gleichzeitig Töne von sich gibt. Das öffnet den Kehlkopf. Stimm-Salabim!

Das letzte Mal hatte ich in meiner Kindheit in ein Glas geblubbert, sehr zum Unmut meines Vaters, denn Blubbern bei Tisch war streng verboten und sorgte für strafende Blicke und Stubenarrest. So ändern sich die Zeiten. Was gestern pfui war, ist heute hui. Sie hätten uns mal sehen sollen, wie wir in Südafrika zusammensaßen und fleißig synchron blubberten. Gut, dass es davon keine Filmaufnahmen gibt …

Ich hatte mir vorgenommen, während der Sendungen auf keinen Fall feuchte Augen zu kriegen, und dann passierte es doch, bei Rea Garveys englischer Version von «Aufrecht geh'n». Er hatte daraus eine Rocknummer gemacht, die musikalisch an James Bond erinnerte, düster und kraftvoll zugleich. Rea sang mit geschlossenen Augen und voller Inbrunst «I Walk Tall», und ich musste mein Taschentuch zücken. Ich hätte nicht gedacht, dass mir diese Interpretation so nahe gehen würde. Auf einmal kam alles wieder hoch, was ich damals beim ESC empfunden hatte, bevor ich ins Rampenlicht trat. Mein Kummer und die Fassungslosigkeit über die Affäre meines Mannes, mein inneres Erstarrtsein und meine Unfähigkeit, den Song so über die Rampe zu bringen, wie es ihm gebührt hätte, und ohne, dass ich etwas dagegen tun konnte, rollten mir vor laufender Kamera die Tränen übers Gesicht. Verrückt, das war nun über dreißig Jahre her, und ich hatte gedacht, der Schmerz sei längst verjährt ...

Sasha hatte recht gehabt, die eigentliche Reise begann erst nach dem langen Flug. Wenn andere Kollegen dir deine eigenen Songs vorsingen, befindest du dich mit ihnen auf einer Gefühlszeitreise, und ehe du dich versiehst, macht dein Erinnerungszug auch an einer weniger schönen Station halt.

Trotzdem – wenn ich heute an *Sing meinen Song* zurückdenke, bin ich noch immer erfüllt und dankbar, dass ich das erleben durfte. Mark Forsters Version von «Nur die Liebe lässt uns leben» bleibt für mich unvergesslich. Auch dass ich sein «Zu dir (weit weg)» als Bossa singen durfte. Meine Interpretation von Marian Golds Titel «I Die For You» und das Duett mit ihm berührten ihn, glaube ich, ebenso wie mich, und Johannes Strate Französisch singen zu hören mit meinem «Amours toujours» war eine Riesenüberraschung. Er hatte sich dafür sogar in einen Smoking geschmissen, und wir hatten neben Affen, Schlangen und Spinnen auch noch einen Salonlöwen unter uns.

Als ich wieder in den Flieger zurück nach Hause stieg, fühlte ich mich reich beschenkt.

Meine Teilnahme bei *Sing meinen Song* gehört wie mein Olympia-Engagement in Paris und meine *Muppet-Show*-Einlage zu den Highlights meines Lebens; und dass ich in Hamburg von einem echten Revolverhelden zum Kaffee eingeladen worden bin, muss mir auch erst mal eine nachmachen.

Danke ans Leben

Kaum hatte ich wieder deutschen Boden unter den Füßen, ging es ins Tonstudio zu den Aufnahmen für mein Album *Abenteuer Unvernunft*. Es sollte pünktlich zum Start der *Sing-meinen-Song*-Ausstrahlungen erscheinen. Bis dahin blieben nur noch zwei Monate Zeit, also mussten wir Gas geben. Neben der Studioarbeit standen jede Menge Fernsehauftritte und Gastspiele mit *Nutten, Koks* und *Trepper* im Kalender. Eines Abends kamen wir aus dem Theater und standen plötzlich vor einem riesigen Werbeplakat für *Sing meinen Song*. Ich stolperte beinahe, so verdutzt war ich darüber, mich überlebensgroß in fröhlicher Tauschkonzertrunde zu sehen. Wow! Der Sender VOX geizte nicht mit Werbemaßnahmen, und das befeuerte sicher die Einschaltquoten. Angesehen habe ich mir meine Darbietungen nicht; das ist einfach mein blinder Fleck. Meine Schwester Marion hingegen schaut sich alle Sendungen an, in denen ich mitwirke. Sie ist mein Spion, guckt für mich sozusagen durchs Schlüsselloch und berichtet mir hinterher. Aber glauben Sie vielleicht, sie hätte auch nur einmal etwas zu meckern gehabt? Ich kann mich nicht erinnern, von Marion je ein kritisches Wort über mich gehört zu haben, im Gegenteil, sie ist immer voll des Lobes. Schwesternliebe ist schon was Tolles.

Auf die *Sing-meinen-Song*-Sendungen gab es aber nicht nur aus der Familie positive Resonanz; Kim Fisher rief mich begeistert an und konnte es nicht fassen, dass ich nicht eingeschaltet hatte. Sie meinte, die Leute würden es lieben, mich zu sehen – gut, dass die Gesprächspartner beim Telefonieren nicht mitkriegen, wie man errötet.

Von VOX wurde ich als *Schlagerlegende* angekündigt; da kann einem schon angst und bange werden. Wer hält sich schon selbst für legendär? Der Wendler vielleicht – ich nicht. Mir fehlt dazu der Glamour-Faktor. Ich bin nun mal kein Gucci-Girl, dafür kann ich dübeln. Und ich habe einen Hang zu Pullovern in Zeltgröße. Meine Schwester Tina findet das so gar nicht ladylike, aber ich mag es, von Wolle umhüllt zu sein. Ich ziehe jeden dicken Pulli einem Hauch-von-Nichts-Bikini vor. Dabei bin ich Modetrends gegenüber nicht abgeneigt und habe eine Vorliebe für kurze Röcke. Unlängst wurde das wieder einmal auf Facebook angeprangert; ob denn der Rock «in meinem Alter» so kurz sein müsse? Ich antwortete nur knapp: «Ja.» Ich bin der Meinung, dass frau zeigen soll, was sie hat, ungeachtet dessen, welche Zahl im Personalausweis steht. Solange die Fesseln was hermachen, plädiere ich für Beinfreiheit. Außerdem lenkt das vom Gesicht ab. Damit verhalte ich mich zum Erstaunen mancher nicht wirklich altersgerecht, ich weiß, aber was soll ich machen? Je älter ich werde, desto abenteuerlustiger bin ich.

Mit zweiundsechzig ließ ich mich aus einem Flugzeug fallen. So kopfüber ins Blaue zu stürzen war grandios.

Als mein Tandemsprungpartner und ich unten ankamen, schrie ich sofort: «Ich will noch mal!» Als junge Frau war ich zu verklemmt, da hätte ich mich das nie getraut. Große Sprünge zu machen, schon gar nicht. Ich hatte damals vielleicht ein bisschen zu viel Bodenhaftung, aber irgendwann erkennt man, dass man ins letzte Drittel des Lebens einbiegt. Da sollte man alles mitnehmen, was Freude macht und den Adrenalinspiegel hebt. Was das angeht, bin ich vom Schicksal beschenkt worden. Auf der Bühne zu stehen, Musik zu machen und die Menschen mit dem, was ich tue, von den Sitzen reißen zu können bedeutet Adrenalin pur.

Als Jan Mewes mir sagte, dass er für mich eine lange Tournee mit großer Bandbesetzung, Bläsern, Backgroundsängerinnen, Videowand und Showtreppe plante, konnte ich mein Glück kaum fassen. Jahrelang hatten mich Fans und Journalisten gefragt, warum ich nicht solo auf Tour ginge. Ich war immer zögerlich gewesen; ich sah mich einfach nicht in irgendeiner Turnhalle vorm schwarzen Molton stehen. Wenn Tournee, dann richtig, mit allem Pipapo. Das hieß für mich, zu warten, bis mir meine innere Stimme sagen würde, dass der richtige Moment gekommen ist. Mit Jan Mewes und der *Abenteuer-Unvernunft*-Tour war er da. Es sollte meine erste und letzte große Solo-Tournee werden. Durch die vielen Termine und Verpflichtungen im Vorfeld hatte ich im Grunde keine Zeit, mich vernünftig auf das Showprogramm vorzubereiten; gerade mal drei Tage probten wir mit der Band und den beiden Backgroundsängerinnen Madeleine Lang und Katja

Friedenberg. Okay, die Tournee hieß ja auch *Unvernunft* mit Nachnamen. Ich würde also wieder mal ins kalte Wasser springen und einfach machen. Gleich im Anschluss an die letzte Vorstellung von *Nutten, Koks und frische Erdbeeren* fuhr ich zum Tourneestart nach Berlin. Meine Songtexte hatte ich intus, aber was ich sonst auf der Bühne von mir geben würde, wie ich meine Lieder anmoderieren und durchs Programm führen sollte, stand in den Sternen. Davon hatte ich bis zum Premierenabend keinen blassen Dunst. Da würde ich mich treiben lassen und sehen, was passiert. Bammel hatte ich schon, zumal ich wusste, dass in Berlin viele Kollegen im Publikum sein würden, auch Dieter Hallervorden, Kim Fisher und Cindy Berger hatten sich angekündigt. Aber die Kostümwechselfrage war geklärt, Jan hatte mir mit Patzy eine versierte Maskenbildnerin zur Seite gestellt, die regelmäßig die *Let's-Dance*-Kandidaten unter ihren versierten Fingern hatte, und ich wusste, dass mit Michel Driesse ein Vollprofi in Sachen Showkonzept und Choreografie für das Bühnenkonzept verantwortlich zeichnete. Der musicalerfahrene Holländer hatte schon erfolgreich auf der ganzen Welt gearbeitet, Shows für Bonnie Tyler, Die Prinzen, Santiano, Alvaro Soler und jede Menge anderer Showgrößen in Szene gesetzt. Er wies mich im Berliner Admiralspalast ein, was meine Auf- und Abgänge anbetraf. Dann gab's kein Zurück mehr. Als ich ins Scheinwerferlicht trat, um «Ich wär bei mir geblieben» zu singen, empfing mich tosender Applaus. Dieser euphorische Empfang war umwerfend. Ich sagte den Leuten gleich zu Anfang, dass ich nicht vorhätte, mich mittels eines Trapezes von der Decke abzuseilen. Mein Plauderton gefiel dem Publikum, ich machte einfach so weiter und erzählte zwischen den Songs drauflos, wie mir der Schnabel gewachsen war. Wir präsentierten neben meinen aktuellen Liedern auch Hit-Medleys und projizierten dazu Fotos und Filme aus vergangenen Tagen auf die große Leinwand, auch das Video zu «Stein auf Stein» mit den Originalaufnahmen der Trümmerfrauen im zerbombten Deutschland. Ein Highlight war für mich das virtuelle Duett mit Mark Forster, der auch per Beamer an die Wand geworfen wurde, sodass wir «Nur die Liebe lässt uns leben» mit Südafrika-Atmosphäre zusammen singen konnten. Natürlich durften auch meine Dieter-Bohlen-Songs nicht fehlen. Zu «Ich bin stark, nur mit dir» angelte ich mir spontan einen Mann aus dem Publikum, nahm ihn mit auf die Bühne und forderte ihn auf, mit mir zu schwofen. Das amüsierte die im Saal zurückbleibende Gattin. Männer gehören ja oft zur Spezies der Mitgeschleppten und würden sich nie ein Konzertticket von mir kaufen – schwule Männer mal ausgenommen. Bei den Heteros besorgen in der Regel die Frauen die Karten, und die Männer müssen mit.

Alles in allem kam mein kunterbunt zusammengestelltes Programm, das musikalisch und textlich querbeet durch meine Karriere führte, gut an. Ich sang die von mir so geliebten Bossa-Nova-Titel, französische Chansons, Schlager, Gassenhauer und ironische Songs wie «Wie lange woll'n Sie das noch machen» und schloss mit «So leb dein Leben». Dafür gab es stehende Ovationen. Überwältigend. Als wir als letzte Zugabe «Einmal um die Welt» spielten, tanzte der ganze Saal und verwandelte den Admiralspalast in eine einzige Party. Es hätte nicht besser laufen können, und wir fielen uns hinter der Bühne glücklich in die Arme. Die Presse geizte auch nicht mit Lobhudeleien. Das Magazin SMAGO schrieb, dass ich «keine Konfektion von der Stange liefere, sondern eine Avantgarde-Künstlerin sei, die es verstehe, auch aus einfachen Schlagern Kunstwerke zu machen». Wahnsinn!

Die Tournee hatte im Winter 2018 begonnen und wurde 2019 fortgesetzt, in dem Jahr, das mit meinem runden Geburtstag begann und in dem ich meine Fans wissen ließ, dass ich zum Siebzigsten meinen Hut nehmen würde. Warum ich mich ausgerechnet jetzt zurückziehen wollte, konnten viele nicht verstehen. Dazu gibt es nur eines zu sagen: Man soll aufhören, wenn es am schönsten ist.

Im Herbst 2019 sollte ich bei SWR4 in Stuttgart mein letztes Konzert spielen, diesmal nicht in einer großen Halle, sondern ganz bewusst im kleinen Rahmen, als Radiokonzert in Club-Atmosphäre vor ungefähr zweihundert Gästen. Just an diesem Tag wurde der Hamburger Flughafen bestreikt; von dort war kein Fortkommen. Mir blieb nur, zum Hauptbahnhof zu fahren und den nächsten Zug zu nehmen, aber bei der Bahn war an diesem Tag auch der Wurm drin. Die Fahrt zog sich. Das Konzert hätte längst beginnen sollen, und ich saß immer noch im Zug. Die SWR-4-Redaktion kam derweil auf die Idee, mich immer mal wieder per Telefoninterview in die Live-Sendungen zu nehmen. So berichtete ich, an welcher Milchkanne wir gerade haltgemacht hatten, und versicherte, dass ich garantiert noch auf die Stuttgarter Bühne springen würde, ich wisse nur nicht, wann. Es konnte gut sein, dass wir erst nach Mitternacht im Maultaschenparadies landen würden. Wir erreichten unser Ziel dann mit zweistündiger Verspätung, und ich ging sofort auf die Bühne, so, wie ich war, in meinen Alltagsklamotten. Ich war gerührt und dankbar, dass die Menschen geblieben waren.

Der SWR bezeichnete mich übrigens als *Schlagerikone*. Dass ich dieses Label am Revers habe, ist wohl meiner langen beruflichen Laufbahn geschuldet. Jetzt, wo ich in diesem Buch noch mal an den einzelnen Stationen meines Lebens haltmache, wird mir erst bewusst, wie viel da los war, vor allem nach meinem Siebzigsten. Als ich in der Talkshow *Riverboat* saß, platzte Florian Silbereisen plötzlich in die Runde. Überraschung! Die Einladung in die Talkshow war getürkt gewesen; es war gar nicht die Aufzeichnung von *Riverboat,* sondern die hinter meinem Rücken geplante große Abschiedsshow, und alles, was in der Schlagerbranche Rang und Namen hatte, war gekommen. Sogar Michel Fugain war aus Korsika angereist und sang für mich seinen Hit «Chante». Wir hatten uns seit unserer gemeinsamen Musical-Produktion in Frankreich nicht mehr gesehen, und das war jetzt biblische fünfzig Jahre her! Damit hatte ich nun wirklich nicht gerechnet. Auch nicht damit, dass Roland Kaiser für mich musikalisch Rote Rosen regnen lassen würde. Es war unglaublich, von all den lieben Kolleginnen und Kollegen besungen zu werden. Die Überraschung war dem MDR gelungen. Dass ich auch selbst ans Gesangsmikrofon gebeten wurde, setzte dem Ganzen die Krone auf. Eigentlich war ich doch lediglich zum Plaudern eingeladen gewesen; sie können sich nicht vorstellen, was mir im Kopf herumging. Wenn ich gewusst hätte, dass ich in der Show live singen sollte, hätte ich doch erstens meine Songtexte in Ruhe repetiert und mich zweitens vorher eingesungen; das war ein Kaltstart für die Stimmbänder. Der MDR hatte hinterlistig meine Musiker Nick und Ferdi engagiert, und als Silbereisen mich bat, meine Songs mit den beiden live zum Besten zu geben, war klar: Aus der Nummer komme ich nicht mehr raus. Unnötig zu sagen, dass es einem Himmelfahrtskommando gleicht, ohne Soundcheck drauflossingen zu müssen. Ich konnte nur hoffen, dass die Töne halbwegs da waren, wo sie hingehörten. Ich gab jedenfalls mein Bestes, was in Anbetracht der Gefühlsachterbahn, in der ich mich an diesem Abend befand, eine Herausforderung war. Ständig hatte ich feuchte Augen, und mein Make-up war in null Komma nix dahingeflossen. Ich war tief gerührt und schwankte ständig zwischen Lachen und Weinen. Mein persönliches Highlight aber – die anderen männlichen Kollegen mögen mir das bitte verzeihen – waren die äußerst gut gebauten, jungen Männer, die mich bei einem Song umtanzten. Als sie die Bühne kaperten, blickte ich halb nackten Tatsachen ins Auge, denn die Jungs tanzten mit freiem Oberkörper. Danke, dass ich das noch erleben durfte!

Ob Sie's glauben oder nicht: Das meiste, von dem ich Ihnen hier erzähle, war irgendwo in mir verschüttgegangen. Das hatte ich längst unter Gestern und Vorvorgestern abgelegt und keines Rückblickes gewürdigt. Erst als Pe mich fragte: «Wie war das eigentlich da und dort ...?», fing ich an, in meinem Oberstübchen zu kramen. Vieles ist einfach schon so lange her, das liegt ganz weit oben auf dem

Erinnerungsschrank. Da kommt man nur mit der Leiter ran. Als ich dann oben stand und auf mein Leben runterschaute, stellte ich fest: Ich bin so alt wie die Bundesrepublik Deutschland!

Ich habe Schulterpolster und Schlaghosen kommen und gehen sehen, auch Klementine und den Mann von der Hamburg Mannheimer, Minipli und die Neue Deutsche Welle, die DDR und jeden Bundeskanzler, auch die Langzeitkanzlerin. Ich habe Willy Brandt bei einer Benefiz-Gala die Hand geschüttelt, zu der auch Katja Ebstein und ich engagiert worden waren, traf Leonard Bernstein und teilte mit Caterina Valente die Garderobe. Ich stand an Bert Kaempferts Klavier, um mit Freddy Quinn «True Love» anzustimmen, habe Hase und Igel und *Glücksbärchis* besungen und mit Ratten in Frankreich, Schlangen in Südafrika und Brando in Japan gespeist. Ich habe mit Fernsehköchen gekocht und hin und wieder auch mal vor Wut. Es lief nicht immer alles wie geschmiert bei mir, auch wenn Gottlieb Wendehals' Pomade in meinem Bad stand. Ich habe den schönsten Beruf der Welt und denke manchmal, mit dem, was ich alles erfahren durfte, könnte man drei Leben füllen. Ich habe ein Schiff getauft, auf meinen Namen. Gut, es war nicht die *Queen Mary,* sondern eine Auto-und-Event-Fähre in meiner Heimatstadt, aber seitdem erreichen mich ständig begeisterte Anrufe von Kollegen, die mir berichten, dass sie gerade auf *meinem Schiff* unterwegs von Rüdesheim nach Bingen und wieder zurück seien. Ich fühle mich sehr geehrt dadurch, dass mein Name auf einer Schiffshaut prangt. Die Verantwortlichen hätten sich auch für Frank Schröder entscheiden können, den berühmtesten Bingener, allen bekannt als *Postbote Berti* aus der *Schwarzwaldklinik*. Dann hieße die Fähre jetzt *Berti*. Auch nicht übel.

Nach mir sind Hunde benannt worden – zumindest der Golden Retriever meines Freundes Klaus. Leider ist Mary schon im Hundehimmel, aber laut Klaus stand ihr mein Name besser zu Schnauze als ihr Taufname Katharina von Haag. In Sachen Hundenamen sind die Menschen erfinderisch: Der Hund von Pes Tonmeister heißt *Herr Günther*. Dass jemand mit seinem Hund per Sie ist, war mir neu. Es soll aber auch Ehepaare geben, die sich siezen. Hat nicht Horst Buchholz seine Frau zeitlebens gesiezt? Egal. Was Hundenamen anbetrifft, schießt die Komikerin Gaby Köster für mich den Vogel ab. Sie nannte einen ihrer Vierbeiner nämlich Taxi. Damit war ihr die Aufmerksamkeit aller Spaziergänger sicher, wenn sie mitten im Kölner Stadtwald auf der Wiese stand und laut rief: «Taxiiiiii ...»

Seit meiner Trennung von Pierre war ich nicht mehr mit Leine vor der Tür. Ich bin durch meinen Beruf ständig hin und weg, und da ist Hundehaltung schwierig, es sei denn, man hat ein Modell in Hamstergröße. Das darf dann mit ins Flugzeug.

Apropos Fliegen: Auf dem Stuttgarter Flughafen wurde ich dreimal wegen angeblichen Drogenbesitzes abgeführt. Ich, die ich höchstens mal an einem Pfefferminztee nippe! Es stellte sich jedes Mal heraus, dass der Alarm wegen Puder-Make-up-Resten in der Handtasche angeschlagen hatte. Ich bin den schwedischen Gardinen im Schwabenland immer glimpflich entkommen, für Aufsehen hat es aber dennoch gesorgt.

Das erinnert mich an meine Urlaubsgeschichte mit Judy Winter. Damals auf Ibiza war Judy unsere Nachbarin, und wenn wir beide Zeit auf der Insel verbrachten, liebten wir es, miteinander bummeln zu gehen. Natürlich wurden wir von den Touristen sofort erkannt, deshalb stellten wir unsere Konversation spontan auf Kölsch um. Ich sagte: «Kannsde misch mal fünf Mark jeben? Isch machet an deim Körper widda jot!», worauf sich die Promijäger gelangweilt abwandten. Wir rückten grinsend unsere Sonnenbrillen zurecht und konnten in Ruhe weitershoppen.

Für meine Handtasche interessierte sich übrigens auch Jörg Kachelmann brennend, als ich in seiner Talkshow zu Gast war. Ich hatte sie ausnahmsweise mit in die Sendung genommen, weil ich sie mit dem, was sie beherbergte, nicht in der Garderobe liegen lassen wollte. Was drin war, mochte ich Kachelmann aber nicht sagen. Darüber entspann sich in der Sendung ein reges Wort-Pingpong. Kachelmann stellte Mutmaßungen an, ob ich Sexspielzeug in der Tasche verstecke, und ich redete um den heißen Brei herum – sollte er ruhig glauben, ich trüge einen Dildo mit mir rum. Ich konnte schlecht sagen, dass ich die komplette Gage des gestrigen Konzertabends in der Handtasche hatte, in kleinen gebrauchten Scheinen.

Aber das ist vergleichsweise harmlos gegen die Gepflogenheiten anderer. Ich hörte, dass Milva sich geweigert haben soll, das Tonstudio zu betreten, sollte sie ihre Lizenzvorauszahlung für die Platte nicht zuvor in bar ausgezahlt bekommen. Wollte die Plattenfirma ein Album mit ihr veröffentlichen, blieb ihr nichts anderes übrig, als mit der Diva im Vorfeld eine konspirative Geldübergabe im Hotel zu organisieren. In ihrer Suite soll Milva sich dann die Scheine in den Saum ihres Kleides eingenäht haben. Da wundert sich der Laie, und der Fachmann spricht von Reizwäsche. Dagegen ist meine kleine Handtaschen-Story doch nicht der Rede wert.

Milva bekam die deutschen Liedtexte übrigens genau wie Roger Whittaker oder Mireille Mathieu in Lautschrift aufs Notenpult. So sangen sie nahezu akzentfrei Deutsch, auch wenn sie der Sprache nicht mächtig waren.

Ich machte das genauso, wenn ich meine Titel in anderen Sprachen aufnahm. Englisch und Französisch flogen mir zu, Japanisch war kein Problem, nur mit Holländisch tat ich mich schwer, warum auch immer.

In meinem Erinnerungsschrank wimmelt es nur so von Fotos. Manchmal tauchen darin Bilder auf, die ich längst vergessen glaubte, auch die sehr düsteren, zum Beispiel Szenen meines Kolumbien-Aufenthaltes für die Welthungerhilfe Ende der Neunzigerjahre. Dieter Thomas Heck plante damals eine *Welthungerhilfe-Gala* fürs ZDF und fragte mich, ob ich dafür eine Reise nach Medellín antreten würde. Die meisten Kollegen hatten abgelehnt, weil Kolumbien zu der Zeit als äußerst gefährliches Pflaster galt. Insbesondere die Hauptstadt war fest in der Hand der Kokain-Drogenkartelle. Ich sagte zu und traf dort auf jugendliche Straftäter, die in einer Projektgruppe der Welthungerhilfe auf den sogenannten rechten Weg zurückfinden sollten. Man hatte mir gesagt, dass ich jugendlichen Kriminellen begegnen würde. Mit Dealern hatte ich gerechnet, nicht aber damit, dass es sich bei den Kids um Auftragskiller handeln würde. Die Jungs waren nicht einmal achtzehn Jahre alt und wurden fürs Morden bezahlt. Durch das Welthungerhilfe-Projekt sollten sie resozialisiert werden – aber wie willst du einem in einem Elendsviertel aufwachsenden Jugendlichen vermitteln, dass es redlicher ist, den Lebensunterhalt mit einem normalen Job zu verdienen? Angesichts dessen, dass man mit diesen *normalen* Jobs finanziell gerade so über die Runden kommt, ist das wenig aussichtsreich. Aber natürlich war es richtig und wichtig zu versuchen, Überzeugungsarbeit zu leisten. Die Eindrücke dieser Reise ließen mich lange nicht los, und in mir reifte der Gedanke, diesen Kindern ein Lied zu widmen. Reinecke und Menke schrieben es für mich. So entstand «Medellín» für mein Album *Mittendrin*. In Hecks

Sendung sang ich den Titel mit Einblendungen des in Kolumbien gedrehten Filmmaterials. Seit damals hat sich für die Menschen in Kolumbien nicht wirklich viel geändert. Der Drogenhandel floriert nach wie vor. Aber nicht nur in Südamerika geht es den Leuten dreckig, und es ist erschreckend, welche Gräueltaten sich täglich vor unserer Haustür abspielen. Wenn ich nur an die horrenden Summen denke, die Schlepper dafür kassieren, dass sie Emigranten die Flucht übers Meer ermöglichen, in kaum seefesten Schlauchbooten mit Endstation Niemandsland, könnte ich ausflippen. Menschen, die in ihrer Heimat keinerlei Zukunftsperspektiven haben, deren Leben von Armut geprägt und so bedroht ist, dass sie das Risiko in Kauf nehmen, auf der Flucht umzukommen, sollten unsere Türen offen stehen.

Wo ich das so sage, kommt mir Volker Lechtenbrinks Text «Rücksicht» wieder in den Sinn, den ich in dieser Zeit aufgenommen habe. Im Refrain heißt es: «Rücksicht – keiner hat das Wort gekannt ... und Vorsicht, dass man den andern nicht zerbricht ...» Ich weiß, ich weiß, mit Musik kann man die Welt nicht retten, aber zum Mitfühlen anregen kann man schon.

Als ich im letzten Jahr von Volkers Tod erfuhr, war ich unendlich traurig. Er starb wenige Tage nach Ted Herold, der bei einem Wohnungsbrand ums Leben gekommen war. Schon darüber war ich geschockt gewesen. Als Volker wenige Tage später seinem Krebsleiden erlag, gab's für meine Tränen kein Halten mehr. Mit Ted hatte ich vor gefühlten tausend Jahren gearbeitet, und wir waren uns immer wieder auf Bühnen und in Fernsehstudios begegnet. Volker und mich verband eine langjährige Freundschaft. Er war ein großartiger Künstler, Sänger, Texter, Synchronsprecher, Theaterintendant und Schauspieler. Wie habe ich ihn auf der Bühne bewundert, als er in einem dreistündigen Einpersonenstück Brechts *Schweyk im Zweiten Weltkrieg* verkörperte. Er schrieb wunderbare Texte für mich. «Schau dich nicht um» und «Vorsicht zerbrechlich» gehören immer noch zu meinen Lieblingsliedern.

Es ist zwar tröstlich zu wissen, dass uns seine Lieder und Texte als sein Vermächtnis bleiben werden, trotzdem klafft ein Riesenloch, wenn ein Mensch, der dir lange nahe war, plötzlich nicht mehr da ist. Volker und ich sahen uns nicht oft, aber wenn, dann waren unsere Begegnungen intensiv und unser Austausch für mich kostbar. Volker genoss es, wenn ich für ihn kochte, und liebte meine Königsberger Klopse. Sie sind bis heute untrennbar mit ihm verbunden. Andere zünden Kerzen an, im Gedenken an ihre verstorbenen Lebenswegbegleiter – ich mache Klopse.

Dass ich nachts aufstehe, um Kartoffelpuffer zu braten, habe ich Ihnen schon verraten, aber abgesehen von meinen nächtlichen Bratattacken habe ich wenige Macken, wenn man von meinen Lieblingsbeschäftigungen Teleshopping oder Eselsohren in den Katalog *Die moderne Hausfrau* machen mal absieht. Bei denen hänge ich echt an der Nadel. Ich bin regelrecht süchtig danach, dort zu bestellen, denn es gibt nichts, was es nicht gibt: Steckdosenbürsten, Eier-Köpfer, Katzenhängematten, Stuhlbeinkappen, Tuben-aufroller, Toilettenstühle oder Hunderegenjacken. Ob Küchenutensilien, Autobedarf, Erotikartikel, Schuhe oder

Klamotten, dieses Versandhaus lässt keine Wünsche offen, und das ist an regennassen Tagen besonders gefährlich, denn da wächst meine Bestelllust ins Unermessliche.

Bei mir muss Shopping aber nicht immer aus erster Hand sein; regelmäßig zieht es mich auf Antikmärkte. Ich liebe es, dort zu stöbern und Schnäppchen zu machen. Erst neulich habe ich einen alten Melkschemel erstanden, auf dem zwar nie jemand sitzen wird, weil er total unbequem ist, aber er sah einfach schön aus und musste mit. Wer weiß, was da noch alles zusammenkommt, bis ich die Radieschen von unten betrachten werde. Julian tut mir jetzt schon leid. Da fällt mir ein: *Die moderne Hausfrau* bietet auch Grabschmuck an.

Weiße Wolke

Ich wurde in der NDR-Talkshow mal gefragt, wie's denn bei mir zurzeit so in Sachen Liebe stehe, worauf ich blöderweise ehrlich antwortete: «Ich möchte gefunden werden.» Das meine ich auch heute noch, aber man muss nicht alles, was man meint, in eine laufende Kamera sprechen. Nun war es aber passiert. Ich hatte im öffentlich-rechtlichen Fernsehen offenbart, dass ich in Liebesdingen altmodisch bin und finde, der Mann solle den ersten Schritt machen. Prompt nahm das ein Herr wörtlich und stand eines Tages mit Blumen vor meiner Tür. Ich war ziemlich perplex, erzählte in einer Übersprunghandlung, es täte mir leid, ich hätte Besuch, darum passe es gerade leider nicht, was ihn schließlich zum Gehen bewegte. Er ließ es sich aber nicht nehmen, wiederzukommen, immer mit opulenten Sträußen im Anschlag. Den ersten hatte er mir, nebst seiner Visitenkarte, in einer eigens dafür mitgebrachten Vase Marke *Extra hässlich* überreicht. Als ich den Pott entgegennahm, dachte ich spontan an den in meiner Jugend aufgenommenen Titel «Alles rutscht mir aus den Händen», den ich zwar heute noch hasse wie die Pest, weil's ein selten dämlicher Song ist und er die Bezeichnung Jugendsünde mehr als verdient, aber plötzlich animierte er mich zu einem sündigen Gedanken: Scherben bringen Glück!

Irgendwann konnte ich dem Herrn zwischen Tür und Angel behutsam klarmachen, dass es mit uns beiden nichts werden würde, und weitere Heimsuchungen blieben aus. Vielleicht komme ich irgendwann auf ihn zurück? Er ist Bestatter.

Ich habe die Visitenkarte sicher noch irgendwo; die Blumen waren nämlich wirklich sehr schön. Es gibt so hässliche Kränze und Gebinde; so etwas kommt mir bitte nicht aufs Grab. Wobei ich ehrlich gesagt gar nicht weiß, ob ich überhaupt der Typ Erdbestattung bin. Meine Mutter liegt zusammen mit meinem Vater mit schöner Aussicht aufs Schloss Braunfels. Mir persönlich ist das vielleicht doch ein bisschen zu eng, ich bin nun mal sehr freiheitsliebend. Manchmal frage ich mich, ob überhaupt jemand käme, wenn es so weit ist – nach dem Motto: Stell dir vor, es ist Beerdigung, und keiner geht hin? Weil zum Beispiel ein Fußballendspiel läuft oder es in Strömen gießt? Darüber mache ich mir schon Gedanken, wo es doch meine Dernière ist, und noch dazu umsonst und draußen. Bei mir gibt's garantiert Kuchen und Schnaps und gute Musik obendrein; ich will es bunt und fröhlich und lebensbejahend. Das ist und bleibt mein letzter Wille: auf keinen Fall in aller Stille!

Meine Schwester Tina ließe sich nie erdbestatten. Sie hat Angst, bei lebendigem Leib begraben zu werden und nach Luft zu ringen, ohne dass es jemand merkt. Solche Ängste muss man natürlich ernst nehmen, aber meine Geschwister und ich zogen sie dennoch damit auf: «Wir rufen dann in die Grube: Dior, Gucci und Yves Saint Laurent, und wenn du dich nicht rührst, wissen wir – du bist tot!»

Ich habe schon ab und an mit einer Seebestattung geliebäugelt. Da schaukelt man beurnt auf die Nordsee hinaus und taucht sanft darin unter. Ist aber 'ne ziemlich nasse Angelegenheit und die Nordsee auch nicht mehr das, was sie mal war angesichts des ganzen Plastikmülls. Da könnte ich meine Überreste gleich den Hamburger Müllentsorgungsbetrieben überlassen. Nee, am Ende besser nicht mit Meerblick; schlimmstenfalls wird den Beteiligten auf meinem Letzte-Reise-Kutter blümerant. Ich möchte nicht, dass meine Gäste grüngesichtig von mir Abschied nehmen. Und schon gar nicht, dass sie Schwarz tragen.

Schließlich gehe ich nur voraus und habe zudem die kindliche Vorstellung vom Tod, dass ich all meinen Lieben wiederbegegne. Sie stehen an der Himmelstür und rufen: «Schön, dass du da bist!» Da warten nur Menschen, die ich mag. Die anderen sind irgendwo, aber nicht auf derselben Etage. Angst habe ich nicht vor dem letzten Gang, nur davor, zu leiden. Da geht's mir sicher wie den meisten Menschen. Ich will mich unbedingt darüber informieren, wie ich im Notfall selbst von A nach B komme. Ein Ende an Schläuchen und lebenserhaltenden Maschinen kann ich mir nicht vorstellen. Ich möchte gehen können, solange ich noch Herrin meiner Sinne bin. Wenn ich dazu in die Schweiz reisen muss – gerne. Schon alleine wegen der Schokolade ist die Schweiz immer eine Reise wert.

Sobald ich dann hinterm Horizont angekommen bin, werde ich gleich schauen, was mein Bruder Franz so macht.

Wahrscheinlich liegt er umringt von Sechskantschlüsseln unter irgendeinem Schlitten, der zu reparieren ist. Wir haben uns vor drei Jahren in einem Schwarzwälder Krankenhaus tief in die Augen gesehen. Hätte ich gewusst, dass es das letzte Mal sein würde, wäre ich wohl nicht von dort aus zu Florian Silbereisens Sendung *Die Schlagerchampions* gereist. Ich fuhr auf Einladung meines Managers Jan Mewes schon einen Tag vor Probenbeginn nach Berlin, denn mein siebzigster Geburtstag fiel just auf den Probentag. Jan Mewes hatte deshalb vorgeschlagen, mit einem japanischen Essen hineinzuspeisen. Nach feiern war mir angesichts meines todkranken Bruders so gar nicht zumute, aber essen muss der Mensch, und es tat gut, Julian bei mir zu haben. Als wir anderntags nach der Probe ins Hotel kamen, erreichte uns die Nachricht von Franz' Tod. Während ich zwischen Kulissen, Kameras und Scheinwerfern im Fernsehstudio stand, hatte mein kleiner Bruder die Seiten gewechselt. Gott sei Dank war der 11. Januar probenfrei, sodass ich mich mit meiner Trauer ins Hotelzimmer verkriechen konnte. Ich bat die Redaktion um absolutes Stillschweigen, denn ich hätte keine Kraft gehabt, über meinen Verlust zu sprechen. Irgendwie musste ich aber durch die Livesendung kommen.

Ich sang mein Lied «Aufrecht geh'n» dort einzig und allein für meinen Bruder, auch wenn Millionen von Menschen mir dabei zusahen. Ich wusste, dass Franz es so gewollt hätte. Er hatte immer Verständnis für mich und meinen Beruf gehabt, war aber in letzter Zeit nicht müde geworden, mir ins Gewissen zu reden: «Wann willst du anfangen zu leben? Ich sehe dich seit Jahren nur arbeiten.» Seine Appelle berührten mich sehr, und ich musste mir schließlich eingestehen, dass ich die Hochzeiten, Geburten, Taufen und Konfirmationen in meiner Familie zumeist verpasst hatte, weil ich entweder gerade wieder auf Konzerttournee oder in irgendeinem Ton- oder Fernsehstudio verpflichtet war. Wenn ich etwas in meinem Leben bereue, dann, dass ich zu selten da war. Das tut mir unendlich leid. Könnte ich die Uhr zurückdrehen, dann täte ich's. So bleibt mir nur, während meiner Restlaufzeit so viel nachzuholen wie nur irgend möglich. Denn meine Familie ist mir mehr als wichtig.

Franz ermutigte mich dazu, diesem mit beruflichen Verpflichtungen vollgestopften Leben Adieu zu sagen, und ich beschloss, mich mit meinem Siebzigsten aus dem Musikgeschäft zurückzuziehen. Der Kopf sagte ganz laut Ja zu dieser Entscheidung, und er tut es noch. Das Herz hinkt bisweilen hinterher, aber ich bin mir sicher: Die ganz großen Räder will und muss ich nicht mehr drehen. Ich freue mich diebisch, Theater spielen zu können oder Ihnen aus diesem Buch vorzulesen, aber ich will mich auch täglich im Müßiggang üben, auch wenn's einer Rastlosen wie mir noch schwerfällt. Wenn erst mal alle Wände und Klappläden gestrichen und Haus und Hof renoviert sind, kehrt eventuell Ruhe ein im Hause Roos.

Wobei: Ich wollte noch den Garten umgestalten und den Motorradführerschein machen und 'nen Podcast und und ... und wenn man ein Häuschen sein Eigen nennt, ist ja immer etwas. Mal hat man Wasser oder Mäuse im Keller oder Dornröschen-Efeu an der Hauswand oder ein undichtes Dach. Da heißt es für mich: Ran an die Geräte. Ich hab's nun mal gerne schön und bin mittlerweile im Baumarkt bekannt wie ein bunter Hund. Ich bin die Kärcher-Königin und in Sachen Werkzeugkiste ausgerüstet wie ein Profi. Bevor ich einen Handwerker kommen lasse, setze ich selbst erst mal Zange und Bohrmaschine an.

Meine Schwester Marion hat's auch gerne, wenn im Haus alles tipptopp ist, aber im Gegensatz zu mir setzt sie auf Manpower und überlässt die anfallenden Arbeiten am liebsten ihrem Ehemann Günther. Vor einiger Zeit stellte sie fest, dass die Tapete in ihrem Treppenhaus dringend erneuert werden musste. Die löste sich an der Decke schon an einigen Stellen ab. Mehrfach sprach sie Günther darauf an, doch der sagte, ohne überhaupt hinzuschauen: «Jaja, das sollten wir mal in Ordnung bringen ...» Aber von wegen ein Mann, ein Wort. Es passierte daraufhin über Monate – nichts. Ich hätte an Marions Stelle längst selbst Hand angelegt, aber meine kleine Schwester hatte ihre ganz eigene Strategie, um den Mann an den Kleister zu bringen. In unbeobachteten Momenten und wenn Günther außer Haus war, knibbelte sie heimlich an der Tapete, sodass diese nach geraumer Zeit deutlich erkennbar von der Decke hing. Als sie Günther nun wieder auf die Renovierung ansprach, sah er direkt Handlungsbedarf und machte sich sofort an die Arbeit. Marions Engelsgeduld hätte ich nicht gehabt. Bei mir muss immer alles zack, zack gehen; geduldiges Abwarten ist nicht meine Stärke. Wenn ich zum Beispiel jemanden anrufe, falle ich in der Regel gleich mit der Tür ins Haus, ohne Guten Tag zu sagen. Ich überschütte meinen Gesprächspartner mit einem Redeschwall, weil ich fürchte, zu vergessen, was ich sagen wollte. Versiegt mein Wortstrom, reiche ich kleinlaut ein «Ach, übrigens Guten Morgen» nach. Das ist eine ganz schlechte Angewohnheit; hoffentlich gibt sich das noch, bevor ich das Zeitliche segne. Nun gut, Rom wurde auch nicht an einem Tag erbaut. Geben Sie mir noch etwas Zeit, das wird schon – irgendwann. Der Ruhestand und ich müssen uns erst mal aneinander gewöhnen. Vielleicht dimmt mich das Rentnerinnen-Dasein ja runter? Ist doch klar, dass ich mich nach fünfundsechzig Berufsjahren davor scheue, in den Leerlauf zu schalten. Ich gebe mir aber alle Mühe und freue mich, dass ich jetzt Zeit habe, Franz und meine Eltern auf dem Friedhof zu besuchen, wann immer mir danach ist. Ich fühle mich dort wohl. Wenn ich auf Friedhöfen spazieren gehe, legt sich ein Mantel aus Ruhe über meine Schultern. Die Stille tut mir gut, und ich fühl mich dabei so lebendig. Ich, die ich zur Spezies der Hibbeligen gehöre, halte inne, sehe Eichhörnchen über Gräber huschen, lausche Vogelgesang und dem Rauschen der Bäume und bin ganz in meiner Mitte. Hier käme ich übrigens nie auf die Idee, Bäume anzuschreien, wenn ich vor Kummer oder Wut zu platzen drohe. Das mache ich schön bei mir im Mischwald um die Ecke. Friedhofsbäume sind tabu.

Wenn ich so drüber nachdenke, bin ich froh, dass es nichts geworden ist mit dem Bestatter und mir. Er hätte mich sicher dazu verdonnert, ihn zu jeder Beisetzung zu begleiten und das *Ave Maria* anzustimmen.

Auf meiner letzten Reise werde ich mir selbst ein Ständchen bringen. «Weiße Wolke» wird erklingen, und Wolfgang Trepper habe ich schon dazu verdonnert, meine

Grabrede zu halten. Wahrscheinlich wird er seine Stimme bewusst tieferlegen und beginnen mit den Worten: «Wir haben uns heute hier versammelt, um Abschied zu nehmen von der Helene Fischer der Bronzezeit.» Kann er machen, wie er will, Hauptsache, kein Drama.

Meine letzte Vorstellung darf ein Lustspiel sein, mit Tränenlachen und Auf-mein-Wohl-Trinken, am liebsten an der frischen Luft. Darum tendiere ich, glaube ich, zum Wolkenreiten. Mir gefällt die Idee, in alle vier Winde gestreut zu werden, und ich überlege mir noch, wen ich per Testament dazu verpflichten werde, mit meiner Urne unterm Arm aus einem Flugzeug zu springen. Vielleicht den Trepper? Das wird ein Spaß!

> *Hoch über Wiesen und Feldern*
> *ziehst du gemächlich dahin.*
> *Ich lieg hier unten und schau dir zu*
> *auf deiner Reise im Wind.*
>
> *Gern würd' ich mal mit dir fliegen*
> *auf deinem Weg um die Welt.*
> *Du kennst bestimmt jenen schönen Ort,*
> *wo nur eines zählt.*
>
> *Weiße Wolke, flieg mit mir hinter den Horizont*
> *und noch weiter, bis ich dort bin, wo die Liebe wohnt,*
> *wo die Liebe wohnt.*

Zeig mir das Land, wo es Frieden,
Hoffnung und Zuversicht gibt,
wo jeder lebt, wie er leben will,
und auch die anderen sieht.

Liegt dieser Ort auf der Erde?
Hab' ich ihn nur übersehn?
Wenn es ihn gibt, bitte führ mich hin,
dorthin will ich gehn.

Weiße Wolke, flieg mit mir hinter den Horizont
und noch weiter, bis ich dort bin, wo die Liebe wohnt,
wo die Liebe wohnt.

Könnt' ich wie du die Welt von oben sehn,
werd ich vielleicht das Leben irgendwann verstehn.

Das wäre jetzt eigentlich ein idealer Schluss gewesen, stimmt's? Ich sehe Sie direkt vor mir, wie Sie lächelnd das Buch zuklappen und mich auf jener weißen Wolke in den Sonnenuntergang schweben sehen ...

Aber so schnell bringen Sie mich hier nicht um die Ecke, da hab' ich noch ein Wörtchen mitzureden. Ich fühle mich nämlich kaum lebendiger als momentan, auf meine sogenannten «alten Tage». Wer weiß, was mir noch alles einfällt? Rechnen Sie also getrost mit dem Schlimmsten.

PS

Lassen Sie mich bitte noch kurz Danke sagen. Danke an alle guten Geister, die mich bis hierhin begleitet haben. Damit meine ich auch Sie. Ohne Ihre Treue gäbe es dieses Buch nicht. Schon gar nicht ohne die jahrelange Unterstützung der Rundfunk- und Fernsehanstalten, die mich in ihre Sendungen geholt haben, in guten wie in schlechten Zeiten. Ich danke meiner Familie, die mich oft entbehren musste, wenn mein Stuhl bei so vielen Familienfeiern leer blieb, und die dennoch immer zu mir gehalten hat. Danke an Angelika Knüfken und Gerda Ebert und an die Männer, die ich liebte, ganz besonders an den tollsten unter ihnen, der nach wie vor in der Lage ist, allen anderen die Show zu stehlen: Julian. Herzlichen Dank auch an Pe, die ihre Textnachrichten an mich mit *Deine Biogräfin* unterschrieb. Wir haben viel gegessen, kaffeegeklatscht, Tränen gelacht und geweint beim Entstehen dieses Buches, und unsere Herzen sind dabei noch ein Stückchen näher zueinandergerückt – trotz Corona.

So, jetzt kann ich nur hoffen, in diesem Buch niemanden vergessen zu haben. Wenn doch, dann war es keine böse Absicht.

Ihre Mary Roos

Komponisten und Texter

Seite 13:
«Stein auf Stein»
Musik & Text: Pe Werner

Seite 52:
«Comme d'habitude»
Alternate title SO LEB DEIN LEBEN
Musik: Claude François & Jacques Revaux
Text: Gilles Thibaut
© Warner Chappell Music France and Jeune Musique –
   1967
*Mit freundlicher Genehmigung von
   Edition Marbot für Deutschland*

Seite 102:
«Ein Hund, eine Katze und eine Maus»
Text: Günther Heigel (Original: «Aguas de Marco» von
   Antonio Carlos Jobim)

Seite 109:
«Das Lebkuchenherz»
Musik & Text: Pe Werner
© EMI Kick Musikverlag GMBH

Seite 119:
«Unterm Säufermond»
Musik: Michel Legrand
Text: Marylin & Alan Bergman
Original: «The Windmills of Your Mind»
dt. Text: Udo Lindenberg / Horst Königstein
Verlag: United Artists

Seite 134:
«Aufrecht geh'n»
Musik: Michael Reinecke
Text: Michael Kunze
© Peermusic (Germany) GmbH
Mit freundlicher Genehmigung von
   Peermusic (Germany) GmbH

Seite 159:
«Mein Sohn»
Musik & Text: Michael Reinecke/Alexander Menke
© Peermusic (Germany) GmbH
Mit freundlicher Genehmigung von
   Peermusic (Germany) GmbH

Seite 175:
«Unbemannt»
Musik & Text: Pe Werner

Seite 186:
«Königin der Nacht»
Musik: Michael Reinecke/Alexander Menke
Text: Michael Reinecke/Alexander Menke/Manuela
   Mock
© Peermusic (Germany) GmbH/Maren Musikverlag UG
   & Co. KG
Mit freundlicher Genehmigung von
   Peermusic (Germany) GmbH

Seite 198:
«Zu schön, um wahr zu sein»
Musik & Text: Michael Reinecke/Alexander Menke
© Peermusic (Germany) GmbH/Maren Musikverlag UG
   & Co. KG
Mit freundlicher Genehmigung von
   Peermusic (Germany) GmbH

Bildnachweise